Étonnants voyageurs
collection dirigée par Michel Le Bris

KATHLEEN JAMIE

Dans l'œil du faucon

TRADUIT DE L'ANGLAIS
PAR BÉATRICE VIERNE

HOËBEKE

ISBN : 9782-84230-528-4
Dépôt légal : avril 2015

Édition originale anglaise :
Findings

Imprimé en France

Ténèbres et lumière

Ils firent l'œuvre des ténèbres
dans leur propre pénombre.
JAMES WRIGHT

La mi-décembre, temps d'arrêt de l'année finissante. Il était huit heures du matin et Vénus était suspendue, comme la lumière d'un naufrageur, au-dessus du Black-craig. Vue de la fenêtre de notre cuisine, cette colline n'était encore qu'une silhouette, bien que le ciel eût viré au gris pâle tirant sur le jaune. C'était un avorton de lumière, qui se faufilait dans le monde comme un voleur entrant par une fenêtre qu'on a oublié de fermer.

Il n'était plus question que de courses de Noël et de fêtes pour les enfants. Sans tambour ni trompette, cependant, tel un message codé, un petit mot est arrivé, nous invitant à un repas destiné à célébrer le solstice d'hiver. Il n'y aurait que six convives et pas de lumière électrique.

L'après-midi – c'était un samedi – nous avons emmené les enfants à la *pantomime*[1]. Cette année, c'était *La Reine des neiges*. Elle étincelait d'un éclat glacé, virevoltant autour de la scène en cape platine, avec son cortège comique de corbeaux et d'araignées. Les deux héros étaient un jeune garçon et une courageuse fillette en route vers le nord. À un moment donné, la Reine des neiges, courroucée, a disparu en trombe sur son traîneau d'argent, côté jardin, et si elle avait continué sur sa lancée et fait le tour de la planète, elle aurait suivi le 56e parallèle. Elle aurait remonté l'avenue qu'on appelle Nethergate, quitté Dundee, traversé l'Écosse, survolé l'Atlantique Nord, repris pied au Labrador, filé par-dessus la baie d'Hudson et, comme la neige, serait apparue, dans un poudroiement d'étincelles, quelque part dans le sud de l'Alaska. Franchissant la mer de Béring, puis la mer d'Okhotsk, elle aurait filé droit devant elle à travers le centre de Moscou juste à temps, si elle avait vraiment mis les gaz, pour rentrer en scène côté cour, afin de lancer la réplique suivante. Certes, nous n'avons pas ici de royaume des neiges et nous n'avons pas non plus l'obscurité totale de l'Arctique. Néanmoins, lorsqu'est venu le moment où la Reine des neiges a été

1. Spectacle traditionnel des fêtes de Noël en Grande-Bretagne, qui s'inspire de légendes ou de contes de fées. (*Toutes les notes sont de la traductrice.*)

vaincue, une fois de plus, et où elle a fondu, disparaissant par une trappe dans le plancher de la scène, sans rien laisser d'autre que la flaque que faisait sa cape, tout le monde s'est senti revigoré. Avant sa disparition, cependant, le dieu du Soleil en pleine ascension a embrassé la Reine des neiges, dans une caresse rapide de complicité adulte et convenue. Ce baiser m'a plu.

J'aime les gestes précis du soleil, à cette époque de l'année. Lorsqu'il s'élève enfin au-dessus de la colline, ses rayons entrent directement par la petite fenêtre de notre cuisine. L'un d'eux traverse la table pour aller illuminer le vestibule au-delà. Au bout d'une heure à peine, cependant, l'astre s'enfonce de nouveau derrière la colline, au sud-sud-est, ne nous laissant guère que deux heures de demi-lumière anémique. À ce moment de l'année, tout ce que nous envisageons de faire, nous envisageons de le faire dans le noir.

***

Moi, j'ai imaginé de voyager dans le noir. En direction du nord, de façon que l'obscurité s'intensifie chemin faisant. J'avais l'intention de prendre un bateau de nuit, de m'enfoncer dans le noir, par goût de ses textures et de son intimité démente. J'étais allée sonder les amateurs de littérature, ceux qui lisaient des livres, les priant de m'y trouver des exemples de l'obscurité en tant que phénomène naturel, plutôt que voile servant à cacher tous les méfaits du monde, mais j'en avais récolté fort peu. Il me semble qu'en matière de ténèbres, notre métaphore de prédilection commence à se faire vieille. Les ténèbres à travers lesquelles pourrait luire le fanal de l'espoir. Les ténèbres d'Isaïe : « Le peuple qui marchait dans les ténèbres a vu une grande lumière : et le jour s'est levé pour ceux qui habitaient dans la région de l'ombre de la mort. »

Un peu de pitié pour l'obscurité ! Que nous sommes donc soucieux de la terrasser et de la bannir, qu'elle est donc pleine à éclater de tout ce qui est diabolique, tel un sinistre réduit sous l'escalier. Pourtant, l'obscurité est bonne. N'est-ce pas en son sein que nous sommes conçus et portés ? Quand mon fils est né, au milieu de l'hiver, il a poussé des cris pitoyables sous les lumières de la salle d'hôpital et n'a pu s'endormir qu'une fois déposé dans un grand landau à capote noire, sous un parapluie noir. Notre vocabulaire reflue avec la lumière du jour, il se ferme en même temps que les cônes de notre rétine. Tenez, j'ai cherché le mot « obscurité » sur Internet – et aussitôt on m'a servi des ministères chrétiens se proposant de me guider vers le salut. Et il y a toujours la mort, bien sûr. Nous disons que la mort est obscurité ; et que l'obscurité est une mort.

***

À Aberdeen, bien qu'il ne fût pas encore dix-sept heures, les lumières du port, déjà allumées, se détachaient contre le ciel nocturne. Les navires étaient amarrés au bord de la rue et j'ai dû cheminer sous leurs énormes proues pour atteindre le ferry des îles Orcades et Shetland. Ce ferry, le *Hrossa* – ce qui veut dire Orcades en langue norroise –, était amarré parmi les autres navires, mais, alors qu'il ressemblait à un gratte-ciel couché sur l'eau, preuve que c'était bien un ferry, ces autres embarcations étaient pour moi des mystères inexplicables, des conteneurs de volonté et de puissance. Certaines portaient d'énormes treuils jaunes, d'autres soutenaient des antennes complexes, semblables à celles des insectes. Leurs noms évoquaient la force et les guerriers, écossais et nordiques : le *Highland Patriot*, le *Viking Warrior*. Dès mon arrivée à bord du ferry, je suis sortie sur le pont, malgré le froid, pour me pencher par-dessus le bastingage. Devant moi se trouvait le *Solar Prince* (le prince du soleil, n'était-ce pas lui qui avait embrassé la Reine des neiges ?) et, amarrée à côté de lui, l'*Edda Frigg*.

L'*Edda Frigg* était en train d'appareiller. Quelles étaient sa destination et la raison de son voyage, je n'en avais pas la moindre idée, mais j'étais contente de savoir ce que signifiait son nom : *Edda* – les grands poèmes mythologiques islandais. *Frigg* : déesse nordique, épouse d'Odin le borgne. Et la voilà partie, la reine des cieux, elle n'en finissait plus de passer, remuant l'eau sale du port sur son passage, d'abord la proue, puis le pont bas sur l'eau, et enfin la superstructure.

Ensuite est venu notre tour de contourner les autres navires. Nous laissions derrière nous les lumières d'Aberdeen, ses flèches d'églises et ses tours d'horloge illuminées, et la lune elle-même planait au-dessus de la ville. Je frissonnais à présent. Un brusque vol de goélands a scintillé sous les lumières du port. Des petites scènes de vie sont passées devant mes yeux : deux hommes suspendus au crochet d'une grue ; des conteneurs de marchandises entassés ; une sirène hululant soudain, une file de camions garés ; le martèlement d'un métal contre un autre. Nous sommes passés tout doucement le long de la coque rouge du *Viking Warrior*, et puis le *Hrossa* a quitté le port. Tout au bout du bassin, à l'endroit où son mur oblique pour s'enfoncer dans l'eau, se dressait un humble sapin de Noël, orné de guirlandes lumineuses.

***

Certains habitués de la ligne, les habitants des Shetland à qui cette traversée n'offre vraiment rien de nouveau, étaient déjà allongés de tout leur long sur les bancs. Ils avaient une interminable nuit devant eux ; quatorze heures d'obscurité devraient s'écouler, avant qu'ils ne fussent à Lerwick pour le petit déjeuner. Beaucoup étaient des étudiants qui rentraient chez eux fêter Noël. Quelques-uns avaient pris racine dans le bar. Un garçon portait un authentique pull jacquard de Fair Isle, une fille un bonnet à pompon tricoté main. D'un bout à l'autre du navire suintait une musique d'ascenseur – il aurait fallu se donner beaucoup de mal pour trouver moyen d'y couper. Les succès des Noël d'antan. Paul McCartney. Le seul endroit où l'on pouvait fuir Paul était un salon à l'éclairage tamisé, équipé de grands sièges inclinables. Il y avait des gravures aux murs, une série de trois, montrant une mer de dessin animé, avec un phare rayé, un bateau de pêche et au-dessous de la surface de l'eau trois énormes poissons, l'air idiot et content. *The Shetland Times*, que lisaient bon nombre de passagers, avait pour gros titre : « Pour l'industrie de la pêche, le jour du jugement se profile à l'horizon. »

J'aurais voulu du noir. Du noir véritable, naturel, étoilé, du noir de solstice, mais on ne peut pas discuter avec la lune et elle était presque pleine. Elle brillait à travers un nuage de crachin, étalant sa lumière diffuse en travers de l'eau. Elle était entourée d'une auréole de non-couleurs, toutes les nuances du carburant renversé sur l'asphalte.

J'avais secrètement espéré un moment en mer où il n'y aurait aucune lumière humaine. La mer en hiver sur trois cent soixante degrés, les seuls feux étant ceux du bateau lui-même. Je voulais être dehors dans le vent nocturne, dans une obscurité saine et acceptée. Mais le *Hrossa*, en fin de compte, n'était qu'un ferry et il allait suivre la côte. Ce qui ne m'a pas empêchée de sortir à de nombreuses reprises, pour aller grelotter sur le pont, mais il y avait toujours une lumière quelque part. Depuis bâbord, des petites villes du nord de l'Écosse, Brora, peut-être, ou alors Helmsdale, formaient une traînée orange contre la ligne de terre plus sombre. Depuis tribord, je pouvais contempler la mer vide de poissons, au clair de lune. Au bout de plusieurs heures, j'ai aperçu trois lumières aveuglantes, en rang d'oignons, du côté de la haute mer. J'ai cru qu'il s'agissait d'autres embarcations, mais elles étaient trop proches les unes des autres, trop intenses. C'étaient des plates-formes pétrolières de la mer du Nord et même d'aussi loin, on devinait leur activité frénétique. C'était peut-être là que se rendaient le *Solar Prince* et le *Viking Warrior* – ils allaient chercher du pétrole de toute urgence. À mesure que le ferry poursuivait sa route, les plates-formes ont rapetissé, jusqu'à n'être plus qu'à la limite de mon champ visuel, à la limite de la nuit, comme de lointains icebergs, tels que je les imagine, mais en feu.

À cet instant, seule sur le pont métallique, humide au clair de lune, alors même que je me disais que l'obscurité était peut-être totale, j'ai entendu un faible appel. Le ferry vrombissant a poursuivi sa route, laissant derrière lui une vague aussi droite qu'un glacier. Un appel humain. Je m'étais sûrement trompée, mais j'ai tendu l'oreille – l'appel a retenti de nouveau. J'ai scruté l'eau, je n'ai vu que les vagues et la vaste mer, sombre comme du pétrole. J'ai commencé à paniquer et si une seule autre personne s'était trouvée sur le pont, pour un peu je l'aurais attrapée par le bras, en m'écriant : *Écoutez !* Heureusement que j'étais toute seule, parce que, Dieu me bénisse, ce n'était qu'Elton John. Elton John qu'un haut-parleur diffusait jusque sur le pont. La musique était si près d'être noyée par le bruit des moteurs que je n'avais entendu que les notes les plus aiguës. Je me suis penchée, j'ai collé mon oreille contre le haut-parleur et, oui, en effet, c'était bien Elton John. Il chantait, ça ne s'invente pas, *Don't let the sun go down on me* (Ne laissez pas le soleil se coucher sur ma vie). Du coup, j'ai renoncé à ma quête d'obscurité et je suis descendue prendre un verre.

Aux environs de minuit, le bateau-pilote est venu accompagner le ferry jusqu'à Kirkwall, au milieu de l'archipel d'îles basses. Sur tous les récifs et dangers potentiels, des feux d'avertissement clignotaient.

***

Si vous ne connaissez pas les Orcades, sachez qu'elles sont dans l'ensemble verdoyantes et plates ; un archipel sculptural, poli par le vent. Un grand nombre d'îles sont inhabitées. Comme l'a remarqué George MacKay Brown, leur poète, elles ont la forme de baleines. Il n'y a guère d'arbres pour faire obstacle au vent. On a toujours à proximité de l'eau salée ou douce, au fond de larges baies, de lochs ou de chenaux, éclairant et adoucissant les terres qu'elle encercle. Le sol est fertile, la population prospère ; nordique et libérale, elle vit dans deux villes principales et d'innombrables fermes, sous un ciel immense, débordant d'énergie.

Aux Orcades, le temps qu'il fait ne dure jamais longtemps et on peut voir le changement s'amorcer de très loin. Il y a de fréquentes bribes d'arc-en-ciel. Et beaucoup d'oiseaux. N'importe où, si vous arrêtez de marcher, ou si vous vous rangez et baissez la vitre de votre véhicule, vous entendrez le cri du vanneau huppé ou celui, tremblotant, du courlis. Les rares collines à l'intérieur des terres sont brunes, couleur de tourbe, tandis que vers l'ouest, l'île s'élève pour surplomber l'Atlantique de ses falaises qui ont les fulmars pour locataires. Il y a là tout ce dont on peut avoir besoin, sauf peut-être des arbres, et un nombre croissant de personnes quitte le Sud pour venir se joindre aux insulaires, en quête de ce qu'ils appellent « une vraie communauté ». La même phrase revient en permanence : « On a eu un coup de cœur. »

La nuit avait été longue et il faisait toujours sombre quand je me suis réveillée le lendemain matin. Au volant d'une voiture de location, j'ai quitté Kirkwall en direction de Finstown, m'arrêtant dans une aire de repos, à côté d'une rangée de conteneurs à bouteilles, pour regarder les premières lueurs du jour dorer les eaux de la baie. Sur une jetée en pierre, une brochette d'huîtriers faisait face au vent. La lumière était dénuée d'énergie. Au-dessus d'une forme endormie, qui n'était autre que l'île de Shapinsay, le ciel laissait voir quelques nuances de gris, ourlées d'un fin trait de jaune crémeux. J'ai repris ma route, hors du village, puis j'ai tourné vers le nord, roulant au milieu d'une tourbière. Des cottages bordaient la route, de plain-pied pour la plupart, dont bien peu étaient désormais coiffés du traditionnel toit de dalles. Sur Burgar Hill, trois éoliennes tournaient paresseusement et une formation dépenaillée d'oies sauvages les a survolées. Ces îles sont cultivées depuis la nuit des temps et, si vous gravissez une hauteur et baissez les yeux vers les terres verdoyantes au-dessous de vous, les fermes sont en si grand nombre qu'on a l'impression qu'elles viennent de choir d'un coffre à jouets renversé.

Six heures de jour, maigre ration. J'avais rendez-vous au coucher du soleil, vers trois heures de l'après-midi, donc j'avais un peu de temps pour observer les oiseaux et me promener sur les falaises. J'ai suivi des pistes bien droites, entre des fermes et des clôtures en fil de fer, j'ai laissé la voiture sur une aire de stationnement, au bord de l'eau, et je suis remontée jusqu'à une pointe qui portait le nom de Marwick Head. Sur l'eau, au pied des falaises, un langoustier chamarré de bouées roses passait en bondissant. Le vent d'ouest amenait des averses comme des ailes grises. Quelques fulmars seulement étaient chez eux, les terriers des macareux étaient vides, dans l'attente du printemps. Deux corbeaux, les oiseaux d'Odin, paraissaient me suivre le long de la falaise, échangeant leurs commentaires dans la charmante intimité de leurs croassements. Sous mes pieds s'effritaient des œillets marins, bruns et desséchés.

La nuit précédente, j'avais eu envie d'obscurité, sans pouvoir l'assouvir. Et maintenant, inversement, ce que j'espérais, c'était une lumière limpide. J'allais visiter le site préhistorique de Maes Howe et pour que cette visite soit réussie, il fallait que le ciel au sud soit vide de nuages, en tout cas pendant quelques moments cruciaux au coucher du soleil. J'arpentais les falaises de Marwick Head, tournant un regard averti vers les amas de nuages qui emplissaient le ciel vers le sud. De temps à autre, ils étaient fendus par un glaive de lumière qui illuminait le terrain au-dessous. Diverses pointes faisaient saillie dans la mer, apparaissant les unes après les autres. Certaines sont extraordinairement hautes. Sur St John's Head, dans l'île de Hoy, la falaise s'élève par endroits à quatre cents mètres au-dessus de l'eau. Je discernais tout juste le célèbre empilement de pierres qu'on appelle The Old Man of Hoy (le vieillard de Hoy), fièrement dressé en avant de la falaise. Plus loin, les rares montagnes isolées du continent écossais paraissaient flotter dans une flaque de lumière jaune verdâtre.

J'aime les gestes particuliers du soleil, et j'aime aussi les signes de vie au milieu de l'hiver : les oies venues hiverner dans les champs vides, une femme solitaire marchant le long d'un chemin de campagne, en manteau et bottes, un fichu sur la tête.

Balade en voiture, brève observation des oiseaux, sandwich et marche le long de falaises puis, vers deux heures et demie, le peu de lumière du jour qu'on avait bien voulu nous concéder a commencé à nous être repris, petit à petit. Les collines éloignées étaient noires et massives. Lorsque j'ai regagné la voiture, le soleil était si bas qu'il venait frapper directement mon pare-brise de ses rayons éblouissants, ce qui était un bon présage. Quand j'ai repris ma route, les champs nus de l'hiver m'ont révélé la présence d'une eau secrète, dans des creux et des plantations de roseaux, dont la couleur orange avait l'éclat flamboyant des objets précieux. J'ai même vu un busard Saint-Martin, planant autour d'un loch, au-dessus de roseaux à l'extrémité couleur de rouille, ses ailes formant un V à peine discernable. C'était ce qu'on appelle le plus profond de l'hiver.

***

J'ai un ami qui, tout en étant poète, fréquente les églises et je lui faisais part de ma grogne face à la métaphore répétitive des Ténèbres et de la Lumière. Je prétendais que l'on disait trop volontiers du mal de l'obscurité, ce phénomène naturel et courtois, et que, franchement, j'imputais le blâme aux chrétiens. Toute cette idée avait besoin d'être entièrement remise à neuf. Le noir métaphorique nous empêchait de poser un regard neutre sur le noir réel. Par la faute de ce noir métaphorique, le noir de la mort, nous nous attachions constamment à bannir le noir naturel. Qu'on arrête donc de nous bassiner avec ces salades du genre « Ne laissez pas le soleil se coucher sur ma vie ». J'ai dit à mon ami que je voulais m'enfoncer dans l'obscurité, que je m'étais mis en tête de visiter Maes Howe à l'époque du solstice. Ce qui lui a fait hausser un sourcil. « Maes Howe ? a-t-il répété. Mais Maes Howe n'est rien d'autre qu'une métaphore, non ? »

La construction aujourd'hui connue sous le nom de Maes Howe est un *cairn* ou tumulus, abritant une sépulture collective de la période néolithique, où l'on enterrait, il y a cinq mille ans, les ossements des morts. Au cours de sa longue, très longue existence, elle a été plus longtemps oubliée que connue, mais à notre époque, elle est accessible au public. Elle forme une simple bosse herbeuse au milieu d'un champ, dans la plaine centrale de Mainland, la plus grande des Orcades. Il y a une étonnante collection d'autres sites néolithiques à proximité.

Pour atteindre ce lieu, j'ai emprunté la route qui franchit un isthme étroit entre deux lochs. À l'ouest se dresse un gigantesque et impressionnant cercle de pierres levées, The Ring of Brodgar (l'anneau de Brodgar). À l'est, on peut voir les Standing Stones (pierres levées) de Stennes, qui font penser à trois élégantes conversant ensemble lors d'un cocktail. Je veux bien croire que leur raison d'être est un mystère, mais à une dizaine de kilomètres, pas plus, est situé le village néolithique qu'on appelle Skara Brae. S'y trouvent préservées quelques cahutes sans toit, blotties toutes ensemble et à demi enfouies dans le sol d'une dune en sable, qui faisait office de *midden* ou décharge d'ordures. En ce lieu, on peut s'émerveiller de la normalité de la vie domestique, en constatant que cette population de la fin de l'âge de la pierre avait des lits et des placards, des voisins et des perles décoratives. On a, tout à la fois, le sentiment de sa présence, de sa vie de tous les jours et de sa complète absence. C'est un endroit qui vaut le déplacement. Il donne une autre dimension à notre sens du temps.

À Maes Howe, deux hommes se tenaient dans le parking. Le plus grand, qui était aussi le plus âgé, était vêtu d'une chemise blanche et d'un improbable pantalon écossais. En me voyant descendre de voiture, il a secoué la tête d'un air désolé. Le plus jeune portait une tenue de plein air, qui n'était pas sans rappeler celle d'un contractuel chargé de la circulation, en l'occurrence un bonnet de laine et un manteau bleu marine. Un bref instant, nous sommes restés là à nous regarder, tous les trois. Le plus grand des deux hommes a pris la parole.

« Ça ne promet guère, j'en ai peur. »

C'était pourtant le bon moment, le soleil se couchait, mais…

« Les nuages, a-t-il continué.

– On n'y peut rien, ai-je répondu.

– Pourquoi n'entrez-vous pas quand même ? On ne sait jamais, il suffit d'un bref instant où les nuages s'écartent… »

Alan, cet Anglais vêtu d'un pantalon taillé dans un tartan de l'Écosse historique, m'a escortée dans une petite boutique pour me délivrer un billet d'entrée. Elle était logée dans un ancien moulin à eau, à une certaine distance de la sépulture, on y vendait des guides, des fascicules explicatifs, des magnets et des torchons. Par la fenêtre, on pouvait voir la route menant au tumulus.

« Vous savez quoi, a-t-il dit, je vais vous donner un billet qui vous permettra de revenir demain, si vous voulez, mais je ne peux pas vous en donner un pour le jour même du solstice, c'est-à-dire samedi. Ce jour-là, le guichet ouvre à quatorze heures trente. Les premiers arrivés sont les premiers servis.

– Il vient beaucoup de monde ?

– Ma foi, nous pouvons en caser dans les vingt-cinq, en serrant bien. »

Aujourd'hui, en revanche, il n'y avait que moi.

Rob, le jeune guide, m'attendait au-dehors. Une camionnette d'ouvrier est passée à toute allure, puis nous avons traversé la route, franchi un portillon et suivi un sentier à travers champ. Nous nous dirigions vers la tombe par un chemin indirect qui respectait le large fossé tout autour du site. Des moutons paissaient dans le champ, un héron nous tournait le dos, qu'il avait aristocratique. Une brise soufflait et le cri perlé d'un courlis descendait vers nous. De toutes parts s'élèvent des collines assez basses, au milieu desquelles s'encastre la plaine. Vers le sud, l'horizon est dominé par deux collines plus distantes et beaucoup plus grandes, l'une couronnée d'un pic, l'autre d'un plateau. On ne s'en serait pas douté, de là où nous étions, mais elles se trouvent, en réalité, sur une autre île, sur Hoy. Au-dessus de ces hauteurs, formant des barres horizontales, je voyais les coupables nuages.

On pénètre dans la chambre intérieure de la sépulture en suivant un étroit couloir de plus de huit mètres de long. C'est davantage qu'une simple entrée. Il n'y a pas besoin d'avancer à quatre pattes, mais on est obligé de se ployer. Le toit en pierre semble peser sur votre échine ; une unique et gigantesque dalle de pierre forme le mur que vous frôlez de votre épaule gauche. Vous devez avancer, ainsi courbé, juste un peu trop longtemps, si bien que lorsque vous débouchez dans le *cairn*, deux sensations vous frappent aussitôt : vous êtes heureux de vous redresser, et vous éprouvez une soudaine admiration pour la pierre. Vous voici introduit dans un lieu solennel qui n'est pas du tout un cœur, ni même un utérus, mais un crâne.

Vous vous tenez debout sous une voûte de pierre, élevée et sombre. L'insonorité est presque palpable, comme dans un studio d'enregistrement, ou une salle des coffres. Il n'y a qu'un instant, vous étiez au milieu d'un champ, avec le vent et les appels de courlis. Ce monde-là vous a été retiré et celui dans lequel vous venez de pénétrer n'est pas comme une grotte, c'est un lieu d'artifice, de savoir-faire. Oui, c'est bien cela que vous remarquez en vous redressant pour regarder autour de vous, c'est un savoir-faire maîtrisé, sec, appliqué. Cinq mille ans plus tard, on sent encore combien ils étaient sûrs d'eux.

Les murs sont en grès rouge, taillé en longs rectangles, avec aux quatre coins de hauts contreforts qui ressemblent à des sentinelles, afin de soutenir le toit en encorbellement. Le passage vers le monde extérieur se trouve au pied d'un des murs. Dans les trois autres murs, à la hauteur de la taille ont été pratiquées des ouvertures carrées, ouvrant sur des cellules qui disparaissent dans l'épaisseur de la pierre. C'était là qu'ils déposaient les morts, une fois que leurs os avaient été nettoyés de toute chair par les intempéries et les oiseaux. Les blocs de pierre, qui devaient jadis fermer ces tombes, gisent sur les graviers du sol. Et l'important, c'est que les anciens qui ont bâti ce tumulus l'avaient orienté avec beaucoup de précision : le long couloir d'entrée est exactement dans l'axe du soleil couchant au solstice d'hiver. Par conséquent, pendant quelques jours à cette époque de l'année, un rayon de l'astre déclinant s'infiltre le long du passage et frappe le mur du fond de la sépulture. Ces dernières années, des gens ont suivi le passage à petits pas, pour être témoins du phénomène, du baiser complice. Certains en sont, paraît-il, bouleversés.

Nous avons traversé le champ. Le héron s'est envolé. Moi, je traînais en route. Mon guide, le jeune Rob, attendait à l'entrée qui n'est guère qu'une ouverture basse et carrée au pied du monticule. J'ai jeté un regard en arrière vers le monde extérieur : la route, le ciel couvert au-dessus des collines de Hoy, qui n'avait rien de prometteur ; puis nous nous sommes faufilés à l'intérieur et pendant une minute, nous avons avancé pliés en deux, jusqu'au moment où Rob s'est redressé et où j'en ai fait autant.

À l'intérieur, l'éclairage aussi intense que celui d'un wagon de métro nous a fait un effet brutal. Je ne m'étais pas attendue à une obscurité totale, mais peut-être à une lueur d'un rouge utérin. Rob avait une lampe torche, mais la lumière ambiante révélait la moindre imperfection, chaque joint et chaque fissure de la pierre séculaire. Aussitôt une voix d'homme nous a lancé : « Désolé, j'éteins tout de suite », mais le moment était gâché et, de toute façon, j'avais été avertie. En me vendant mon billet,

Alan m'avait dit qu'il y avait, à l'intérieur du *cairn*, des experts, avec tout leur matériel. « Un petit problème », voilà comment il avait formulé la chose. Et en effet, ils étaient là. Nous avons pénétré dans la sépulture et sous cette féroce lumière blanche, nous avons encaissé un de ces moments comme on peut en connaître vers la quarantaine, quand on regarde sa mère et qu'on a le choc de s'apercevoir qu'elle est vieille.

***

Les experts, envoyés par l'agence Historic Scotland, travaillaient à un projet qui exigeait un examen au laser, une photogrammétrie et une inspection au radar pulsé. Ils s'activaient à l'intérieur de la sépulture depuis déjà plusieurs jours. Un énorme appareil, j'étais incapable de dire s'il s'agissait d'une lampe ou d'une caméra, était posé sur une chaise d'école. Dans une des cellules, il y avait un téléphone. Les experts étaient au nombre de deux. L'un des deux était recroquevillé comme un fœtus dans la petite cellule percée dans le mur du fond. Je ne voyais que ses jambes. Il a grogné en changeant de position.

« Il est curieux, votre lieu de travail, ai-je fait remarquer.

– Ce n'est pas faux », a-t-il répondu, d'un ton rogue.

Son collègue plus âgé paraissait content de faire une pause. Il s'est redressé – c'était un homme corpulent en survêtement noir et veste fourrée – et étiré le dos. Je ne sais trop comment, il a atténué l'intensité lumineuse et la tombe a retrouvé sa pénombre reposante. Le monde extérieur était un carré au bout du long couloir. Nous n'aurions pas droit au coucher du soleil.

« Dommage, a déclaré l'expert. C'est la vie. »

Rob, blotti sous son bonnet de laine, a pris sa respiration et levé sa lampe, comme s'il était sur le point de commencer sa visite guidée, mais il s'est interrompu.

« Vous êtes déjà venue ? m'a-t-il demandé.

– Plusieurs fois.

– On est sur Internet à présent, vous savez, a-t-il repris et de sa lampe, il a désigné une caméra accrochée à la paroi néolithique. En direct. Alors, n'allez pas vous fourrer les doigts dans le nez.

– Attention les yeux ! » nous a averti la voix en provenance de la cellule, et aussitôt un flash a explosé.

***

La sépulture avait été abandonnée. Quatre mille hivers avaient passé, quatre mille solstices. Et puis, une petite troupe de Vikings était arrivée, en route pour les croisades. Ils s'étaient introduits en force dans le *cairn*, y cherchant refuge pendant une tempête, et sans doute avaient-ils évacué ce qu'ils avaient trouvé à l'intérieur : des ossements, des remblais. Ils avaient fait passer l'ennui des longues heures en gravant des noms et des plaisanteries dans les pierres – Maes Howe contient le plus beau florilège d'inscriptions runiques ailleurs qu'en Islande. « Des croisés sont entrés dans cette tombe, disent-elles. Plus d'une femme a pénétré ici la tête basse. »

Les Vikings sont repartis, laissant de nombreux messages, et de nouveau Maes Howe a sombré dans une espèce d'oubli, elle est redevenue le fief des fées, un monticule étrange au milieu d'une lande. Des générations ont vécu et sont mortes. L'homme a inventé la lumière électrique et le moteur à combustion interne, a exploité des gisements de pétrole, a mis au point téléphones et télévisions, désireux de bannir l'obscurité hivernale – et maintenant, au moment du solstice, le voici qui revient, ce qu'il n'avait pas fait depuis cinq mille ans, afin de voir un petit rayon de lumière se glisser à travers les ténèbres jusqu'à un mur de pierre.

Les experts avaient été harcelés par des problèmes techniques. Ils étaient en retard sur leur programme et ils en avaient par-dessus la tête. Le plus jeune est sorti de sa cellule et s'est déplié, je lui ai demandé ce qu'il faisait. « C'est juste de la stéréophotographie, a-t-il dit. Vous pourriez me passer ce posemètre ? » Et il s'est replié pour rentrer dans la tombe.

***

La stéréophotographie fonctionne selon le même principe que nos propres yeux et, comme eux, nous fournit une image en relief. Donc avec le matériel informatique adéquat, on peut créer une image en relief complète de l'intérieur de la sépulture et la regarder sur un écran. Ce serait un document d'archive fidèle et tout à fait précis de l'endroit. Ce travail a été mis en œuvre parce que

Historic Scotland, l'agence chargée de prendre soin du monument, veut absolument savoir si la sépulture bouge. Il y a de minuscules fissures dans la maçonnerie – cette lumière crue les révélait toutes. Peut-être étaient-elles là depuis des temps immémoriaux, à l'époque où la construction était encore neuve. D'un autre côté, il se pourrait qu'elles soient plus récentes, ce qui serait inquiétant. Les experts allaient donc créer leurs images, puis, dans dix-huit mois, ils reviendraient en créer d'autres ; et alors, en comparant les deux séries, ils discerneraient la moindre différence, le plus infime glissement de la structure entière. Rob m'expliquait tout cela. « Et il y a aussi d'autres problèmes, a-t-il dit. Regardez. » Il m'a montré une traînée verte sur une pierre élevée. « Des algues. »

Les visiteurs viennent en grand nombre ramper le long du tunnel d'entrée, pour admirer le *cairn*, et ils respirent. Or l'édifice n'a pas été conçu pour abriter des êtres qui ont besoin de respirer et de voir. Il a été conçu pour héberger des morts dans l'obscurité. Respiration plus lumière égalent moisissures ou algues, et celles-ci sont nocives. Un tout petit hygromètre avait été installé, afin de contrôler les taux d'humidité dans la tombe.

En plus de quoi, il y avait le toit au-dessus de nos têtes. Loin d'être d'origine, il était l'œuvre d'enthousiastes archéologues victoriens. Ils avaient tiré Maes Howe de son long sommeil en y pénétrant par le toit, comme on peut trancher le chapeau d'un œuf à la coque. Ils avaient certes réparé les dégâts, mais leur savoir-faire n'était pas à la hauteur de celui des hommes du néolithique et il fallait donc le surveiller de très près. Et il y avait encore autre chose. Lorsqu'on l'avait construite, la sépulture avait été enduite d'une argile imperméable, avant d'être couverte d'une épaisse couche de terre et d'herbe – les ouvriers du néolithique savaient ce qu'ils faisaient – mais depuis lors la couche étanche avait été percée. Ces dégâts pouvaient, eux aussi, laisser s'infiltrer une humidité insidieuse et néfaste. On avait beau savoir que l'étanchéité avait été mise à mal, nul n'était capable de dire exactement où. Et, plutôt que de scalper le monument de toute son enveloppe de terre, afin de faire des recherches, on s'y prenait avec les moyens modernes : un examen au radar pulsé. Il y avait aussi les gravures. En tailladant la couche d'argile étanche, on risquait des pénétrations non seulement d'humidité, mais aussi de minuscules particules creusant l'argile elle-même. Or on s'inquiétait à l'idée que ces particules, à mesure qu'elles s'infiltraient à l'intérieur et glissaient le long des murs, pouvaient endommager les gravures par usure. Rob a éclairé de sa lampe le célèbre petit lion de Maes Howe, une délicate gravure grosse comme le poing, dessinée sur une haute dalle.

Le lion était l'œuvre des Vikings, mais la sépulture contient aussi des gravures néolithiques : des formes étranges et nerveuses de triangles et losanges imbriqués. Lorsque Rob a éclairé le petit lion, dans un geste instinctif, j'ai levé la main pour le toucher, pour établir un lien.

« Non, je vous en prie », a-t-il dit.

Voilà pourquoi nous sommes accompagnés d'un guide. Un excès de doigts vagabonds et moites aurait tôt fait d'effacer les images.

« Vous savez, a dit Rob, nous ne savons pas avec certitude qu'elles s'effacent. C'est pour le découvrir que ces deux experts sont au travail. Ils vont scanner au laser. S'ils font un scan de chaque surface et qu'ils recommencent dans dix-huit mois, ils pourront se prononcer, parce que les lasers sont capables de mesurer au millième de millimètre… »

Rob a fourré sa lampe dans sa poche. « Vous comprenez, désormais ce site est inscrit au Patrimoine mondial, a-t-il dit. Alors, pas question de faire n'importe quoi. Mais il se défend plutôt bien. Vous en connaissez beaucoup, vous, des sites vieux de cinq mille ans ?

– Plus résistant qu'une maison Wimpey[1], a lancé une voix depuis la cellule du fond.

– Alors c'est pour ça qu'ils prennent toutes ces mesures. Et qui va payer le boulot ? Le contribuable. C'est lui qui va payer. Le contribuable. »

***

Le plus jeune des deux experts a continué son travail, mais l'autre est venu nous rejoindre, Rob et moi, et dans l'atmosphère sombre et étouffée de la tombe nous avons

1. Entreprise de maçonnerie britannique qui construisit vers le milieu du XXe siècle d'innombrables maisons en série.

bavardé. En gens bien élevés qui ne se connaissent guère, nous nous tenions tous ensemble, les mains sur les hanches, contemplant cette superbe maçonnerie néolithique, cette ancienne maison des morts, cette métaphore, et nous parlions des prix de l'immobilier. Je ne me rappelle pas si nous avons baissé la voix, comme on le fait dans un lieu sacré. Je pense que oui, parce qu'on sentait le poids austère de la pierre et de la terre au-dessus de nos têtes.

Il n'y a rien de certain dans la vie, sauf la mort et les impôts. La nuit dernière, appuyée au bastingage du ferry, j'avais été déçue dans mon espoir de m'enfoncer au sein d'une véritable obscurité nordique, et frustrée une seconde fois, en cette courte journée d'hiver, de ne pas voir un rayon de lumière pénétrer dans la tombe. Mais il se passait dans ce lieu quelque chose d'intéressant. L'idée m'est venue, au cours de notre brève conversation, que jamais plus je ne parviendrais à être aussi proche de nos authentiques ancêtres du Néolithique. Cette scène n'avait-elle pas déjà eu lieu, il y a des milliers d'années ? Des ouvriers spécialisés ne s'étaient-ils pas tenus dans cette sépulture, à la fin de leur journée de travail, et n'avaient-ils pas pris le temps de regarder ce qu'ils venaient d'accomplir ? De vrais êtres humains, avec de la chair sur les os, des outils dans les mains, des mots sur les lèvres, les mots d'une langue désormais complètement perdue ? J'ai jeté un regard derrière moi. Le jeune expert était assis dans la cellule, les genoux sous le menton. Il a soupiré et passé une main lasse sur son visage.

Nous avons parlé du récent incendie à Édimbourg, qui avait détruit certains édifices de la vieille ville. Serait-il possible de les reconstruire ? Avions-nous les moyens financiers de le faire ? L'expert, comme il convenait à un membre de sa profession, a demandé si quelqu'un savait vraiment à quoi ils ressemblaient. Existait-il des photographies ? Des dessins ? Des mesures ? J'ai fait remarquer qu'on avait reconstruit certaines parties de Varsovie, détruites par les bombes, en se basant sur les tableaux du neveu de Canaletto, Bernardo Bellotto.

« On pourrait construire une réplique de cette sépulture, maintenant, a déclaré Rob. Non, je suis sérieux, avec toutes ces données, on pourrait construire une réplique exacte de Maes Howe...

– Comment ça, dans le champ d'à côté ? »

Il a haussé les épaules. « Ce n'est pas impossible, figurez-vous. »

***

Rob est resté à l'intérieur avec les experts, tandis que je faisais le plus court et le plus dépaysant des voyages le long du couloir, recroquevillée sur moi-même, pour déboucher dans le monde du bruit et de l'air en mouvement. Les herbes sèches de l'hiver ondulaient au vent. Désormais, le soleil s'était bel et bien couché pour moi, au sud des nuages rouge rubis luisaient au-dessus des collines. Il n'y avait pas eu d'obscurité constellée d'étoiles, ni de jeux de lumière. Tant pis. J'ai traversé le champ, puis la route, et dans la boutique Alan, en pantalon écossais, se trouvait derrière son comptoir. Nous avons pris un café fourni par la machine tout en parlant technologie : comment pouvait-on voir l'intérieur d'une sépulture néolithique sur un site Internet ? Puis, curieuse coïncidence, le téléphone a sonné. C'était justement un type du coin qui annonçait à Alan que le site en question était en vrac et qu'il allait devoir tout débrancher et tout rebrancher. À présent, les nuages au sud-ouest étaient d'un grenat profond. Alan s'est mis en rapport avec l'intérieur de la tombe, il a demandé à Rob de tripatouiller la webcam, puis il a raccroché.

« C'est ça la technologie, hein ? » Il a secoué la tête. « Vous voulez voir ce qu'on fait ici quand tout nous pète au nez ? »

Il a quitté son poste pour traverser la boutique et pris dans un panier d'osier deux frisbees, un rouge et un bleu. « Si je les montre à cette fenêtre, là-bas, je peux faire parvenir un message à Rob. Le rouge, ça veut dire : "Reste où tu es, voilà de nouveaux visiteurs", et le bleu : "Tu peux revenir." »

Il faisait presque nuit quand j'ai commencé à redescendre jusqu'à la voiture et au moment où je me mettais en route, les deux experts émergeaient de la sépulture pour aller prendre le thé. Ils n'étaient plus que deux silhouettes traversant un champ de plus en plus obscur, se détachant contre le monticule de Maes Howe. L'un des deux a levé haut la main, pour me saluer, et j'ai agité la mienne ; un bref instant, on aurait cru voir deux astronautes sortant de leur capsule, mission accomplie.

C'était de cela que nous avions parlé, Alan et moi. Si le monde perdure, quels témoignages de notre temps les gens vivant cinq mille ans après nous auront-ils à cœur de préserver ? Il leur sera sans doute impossible d'éviter tout notre plastique et nos cochonneries, mais que voudront-ils ? Quelque chose qui incarnera le point suprême de nos compétences, qui exprimera l'essence de notre époque et de nos croyances ? Y a-t-il quoi que ce soit que l'on viendra voir de très loin et que l'on trouvera presque bouleversant ? Mais il n'y aurait pas besoin de conserver quoi que ce soit, avait objecté Alan. Tout existerait dans la réalité virtuelle. Tout comme aujourd'hui, avec toute cette stéréophotographie et ces scans au laser et cette photogrammétrie et que sais-je encore, on n'aurait qu'à allumer son ordinateur à la maison, chausser ses lunettes et s'enfoncer, plié en deux, dans le couloir de Maes Howe.

Je suis montée dans la voiture, j'ai mis le contact, allumé mes feux. Le matériel d'alunissage d'Apollo, voilà ce qu'il fallait. Ces engins qui ressemblaient à des lave-linge enveloppés dans du papier d'alu, que l'on avait lancés dans l'apesanteur de l'espace à un moment donné de l'âge du pétrole. Voilà ce qu'on garderait. Et peut-être aussi une plate-forme pétrolière offshore, où des hommes avaient trimé jour et nuit, dégoulinant de cette saleté, pour nous fournir chaleur, mouvement et lumière. Que l'avenir s'émerveille donc de ça. J'ai débouché sur la route et j'ai pris la direction de Stromness.

***

Dans la grand-rue de Stromness, une artère étroite datant du XVIIIe siècle, c'était l'heure de prendre un café et des gâteaux et de faire quelques courses de Noël. Je me suis aventurée dans un magasin de jouets, brillant de mille feux pour les fêtes, et j'y ai trouvé un petit diadème en plastique argenté. Ma fille, qui était encore très jeune, avait aimé la Reine des neiges et ce diadème l'enchanterait. M'immobilisant un instant, avec à la main cet objet ridicule que je faisais osciller sous les lampes, j'ai songé à la lumière. Sans doute avais-je espéré être témoin d'un tour de passe-passe lumineux à Maes Howe. Non, passe-passe n'était pas le mot qui convenait. Les bâtisseurs du *cairn* l'avaient conçu afin de ne laisser entrer qu'un seul rayon de la lumière du solstice : il s'agissait d'adapter un phénomène naturel à un dessein humain, à mi-chemin entre la technologie et l'art. Non, ce n'était pas non plus de l'art : c'était une mise en scène. « Nulle part l'opposition dramatique des ténèbres et de la lumière n'est mise en scène avec une telle économie de moyens que dans le Nord », a dit George Mackay Brown. Une mise en scène millénaire qui remontait jusqu'à l'ère néolithique. Avaient-ils été les premiers hommes à exprimer cette métaphore de la lumière et des ténèbres, de la vie et de la mort ? me suis-je demandé.

Puis la marchande de jouets m'a dit : « Profitez-en pendant qu'il est encore temps.

– Pardon ? »

D'un mouvement de tête, elle a indiqué le diadème en plastique que je tenais.

« Ma petite puce adorait ce genre d'objets, tout ce qui brillait et étincelait. Mais maintenant, elle a quatorze ans et elle ne met plus que du noir. »

***

Ce soir-là, les experts ont fini leur travail très tard dans la nuit, à ce que l'on m'a dit, et ils sont repartis par le ferry du matin, laissant la sépulture toute prête à recevoir sa petite foule d'amateurs de solstice. J'ai presque envié à ces deux hommes cette occasion d'évoluer et de travailler dans l'épais silence du *cairn* et de ses cellules, occupés à parcourir les pierres de leur rayon laser. Rares sont les gens qui ont pu passer autant de temps à l'intérieur, depuis sa construction, je veux bien le croire. On fait courir un rayon lumineux sur la pierre et on enregistre le temps infinitésimal qu'il met à revenir à sa source. L'écho de la lumière. Le temps à la vitesse de la lumière.

Mes incursions dans la lumière et les ténèbres avaient eu lieu sous une mauvaise étoile. Je n'avais pas pu profiter d'une obscurité spectaculaire ni en mer, ni dans la tombe, non plus que d'un rayon de lumière résurrecteur. Mais les lasers ne sont rien d'autre que de la lumière, non ? De la lumière intensifiée et organisée. Je m'étais faufilée à l'intérieur de Maes Howe à l'époque du solstice, en quête de technologie néolithique ; et j'y avais trouvé la technologie du XXIe siècle. J'avais eu droit à deux experts parcourant de leur lumière ces mêmes pierres et continuant de prendre des mesures à l'aune de la lumière et du temps. Cette idée me plaisait.

***

Depuis cinq mille ans, nous avions fait des ténèbres la métaphore de notre mortalité. Nous étions à la merci de la mort impitoyable, qui n'est qu'obscurité. Lorsque nous mourions, on envoyait un rayon de la lumière d'hiver au milieu de nos ossements. Quelle attention tendre et puissante. À l'époque chrétienne, on nous couchait au tombeau face au soleil levant. De nos jours, nous sommes toujours mortels, nous ne voulons toujours pas mourir ni voir mourir ceux que nous aimons. Voilà pourquoi les deux experts m'avaient saluée de la main avec autant de cordialité. Ma foi, si je venais, comme eux, de passer dix jours à m'échiner dans la maison des morts, moi aussi j'aurais été sacrément contente d'en ressortir.

Nous n'avons pas banni la mort, mais nous avons banni l'obscurité. Nous avons de la lumière, des champs de pétrole, de l'électricité, des lasers. Et, grâce à la lumière que nous avons ainsi créée, nous sommes en mesure de voir des fissures, si l'on veut bien me passer la métaphore. Nous faisons des dégâts et nous avons désormais un sens croissant de nos responsabilités. Les experts qui se penchent sur la tombe travaillent à une époque tenaillée par l'inquiétude. Nous considérons le monde, sous la lumière que nous avons créée, et nous constatons qu'il est vulnérable, et que tout ce qui le compose mérite d'être sauvé, et que nous sommes les seuls à pouvoir le faire.

Et si tout finit par nous péter à la figure, vite fait mal fait, nous avons toutes les données, nous pourrons construire une réplique. Qui sait si d'ici cinq mille ans nous ne vivrons pas, en effet, au milieu de répliques. Nous ne serons peut-être que des répliques nous-mêmes. Ce n'est pas impossible. Mais quand même, j'ai des doutes.

J'aurais pu attendre quarante-huit heures, puis me joindre au petit groupe qui s'enfoncerait dans la sépulture, le jour même du solstice. Mais j'avais, moi aussi, mes rites hivernaux à observer. Nous installons le sapin de Noël le 21, puis les enfants le décorent, et je ne pouvais pas rater ça. Et en plus, il y avait le dîner chez nos amis, attendu avec plaisir. Je partirais donc le lendemain.

J'avais, cependant, le temps d'aller me promener dans la soirée. Il faisait nuit évidemment, cela faisait des heures que la nuit était tombée. Les maisons à la périphérie de la ville étaient illuminées, les rideaux tirés. Au-delà des maisons, hors de portée de la lueur jaune des réverbères, se trouve le parcours de golf. Oui, le golf ! Tondu ras et accueillant dans la journée, il retournait dans le noir à l'état sauvage. On aurait presque dit que ses douces ondulations respiraient, qu'elles m'enserraient plus étroitement. Une route étroite bordée par un mur en pierre et un fossé peu profond coupaient le parcours en deux. Il y avait des ornières invisibles à franchir.

À l'endroit où la route prenait fin, sur le rivage, se dressait une grande cabane de pêcheurs, avec des casiers à homard empilés du côté sous le vent, et au-delà… la mer. Pas la haute mer, mais un féroce chenal entre deux îles. Je me suis pelotonnée contre la cabane, pour m'abriter du vent. Là-bas, dans la nuit, se trouvait l'île basse et sinueuse de Graemsay, avec un phare à chaque extrémité. Et derrière elle, les falaises de Hoy s'élevaient de toute la hauteur de leurs quatre cents mètres. À cet endroit, d'énormes masses d'eau luttent pour passer par un étroit chenal, afin d'aller soit envahir, soit déserter le vaste mouillage naturel de Scapa Flow. La mer houleuse, le vent, la masse des falaises contre le ciel nocturne étaient (qu'on me pardonne) sublimes. Il y avait un tel vacarme : le vent et les vagues, mais aussi un silencieux jeu de lumières : les rayons de nombreux phares brillaient, puis s'estompaient timidement à travers les flots, chacun à son rythme. Les sentiers qu'ils traçaient à la surface de l'eau noire ne cessaient d'apparaître et de disparaître. On avait là toutes les textures de l'obscurité – des remparts de terre, une mer insaisissable, un ciel noir étoilé et la consolation des phares. Et au loin, parmi d'autres sombres îles, s'élevait la torche de la raffinerie de pétrole de Flotta. C'est là qu'on achemine le pétrole des champs de la mer du Nord, par des pétroliers ou des pipelines, et jour et nuit le surplus de gaz est brûlé dans l'atmosphère, sous la forme d'une flamme orange.

De nos jours, cependant, on tente de développer l'énergie marémotrice, on place des turbines sur le chemin des violents courants qui filent au milieu de ces îles, grâce aux marées. Dans l'espoir que la mer sera capable de fournir une énergie constante, une chaleur et une lumière constantes, à la fois renouvelables et non polluantes. C'est cela qu'on voudrait. Les éoliennes, c'est très bien, mais fréquemment le vent tombe. Il y a aussi le soleil, mais, comme nous le savons, il lui arrive d'être caché par les nuages. En revanche, les marées et la lune, on peut compter dessus.

***

Je ne sais pas si les deux douzaines de personnes, environ, qui se sont introduites à l'intérieur de Maes Howe pour le solstice ont été récompensées par un rayon de soleil. Et dans l'affirmative, se sont-elles écartées pour le laisser passer, comme on le fait pour un médecin sur le lieu d'un accident ? À ce moment-là, j'étais de retour chez moi et nous allions sortir dîner.

Le vestibule du cottage de nos amis était accueillant, à la lueur des bougies, de même que le salon, et la table. Les rideaux étaient restés ouverts pour laisser voir la nuit noire qui se pressait contre les fenêtres. Nous formions une joyeuse compagnie et dans la chaleur des bougies, nous avons savouré un repas symbolique, composé un peu pour rire, mais pas tout à fait. Nous avons mangé des poivrons rouges farcis, représentant, comme l'a expliqué notre hôte, le soleil levant. Des bâtonnets de carotte rissolés figuraient ses rayons chaleureux, et des haricots verts, servis avec panache, représentaient les bourgeons du printemps. Nous les avons salués de nos acclamations et nous avons porté un toast, parce que c'était le soir du solstice d'hiver, la nuit du baiser complice, et que demain la lumière amorcerait son retour.

Faucons pèlerins, balbuzards pêcheurs, grues

Elle a appelé pendant toute la semaine et celle d'avant – la première quinzaine d'un mois d'avril très sec. Le bruit entre dans mon grenier par la fenêtre, et si je me détourne de mon bureau pour regarder par cette fenêtre, je vois la colline. C'est de là-haut qu'elle appelle.

Notre étroit jardin et ceux de nos voisins montent dans la direction de la colline en question. Je dis jardins, mais à proprement parler ce sont des vergers, dont les pruniers et les poiriers commencent tout juste à être en fleur. Les voisins à deux maisons de la nôtre ont un poulailler et le coq chante toute la journée. Je l'entends, mais j'entends aussi l'appel aigu du faucon pèlerin, encore et encore, comme un tourniquet qui supplie qu'on le graisse.

Les faucons pèlerins sont des oiseaux rares qui ne se reproduisent pas dans nos régions. Mais ils sont parmi nous. Je les vois et la ville entière, si elle se donne la peine d'écouter, peut entendre l'appel de cette femelle. C'est le genre de bruit qui vous vrille le crâne et, même quand elle se tait, vous gardez son cri dans la tête. La corniche que ces oiseaux ont choisie est à un peu plus de vingt mètres de haut, contre une falaise orientée au nord. Certaines parties de la falaise sont instables et ont tendance à s'ébouler. À la base, il y a un sous-bois de ronciers, surmonté par de minces bouleaux, des aubépines et des merisiers, que l'on appelle en Écosse des «*geans*». Au-dessus, le terrain s'incline et monte abruptement pour former une colline.

Hier, je l'ai observée. Elle se tenait droite au bord de sa corniche de prédilection, tournant le dos au monde, et ses longues ailes brunes repliées descendaient jusqu'à sa queue. Elle appelait, inlassablement. Les gens commencent à s'interroger – c'est un oiseau qui fait ce bruit ? un agneau égaré ? Quelqu'un a déclaré qu'à son avis, c'était un animal blessé au bord d'une route, un lièvre ou un renard. Mais, même si la moitié de la ville peut l'entendre, le tiercelet ou faucon mâle doit bien savoir, pour sa part, que ce cri n'est destiné qu'à lui seul. Comme il doit lui percer la cervelle. *Toi. Toi.* Il était perché sur une saillie rocheuse parsemée de lichen, à quelques mètres à peine, et tournait le dos lui aussi. La femelle est plus grosse que lui, et plus brune. Le dos du mâle est de la couleur des toits d'ardoise après la pluie. Ce qu'on voit, lorsqu'ils font pivoter leur tête, c'est le blanc de leurs joues.

Tandis qu'elle appelait, qu'elle appelait encore, il se tenait comme un enfant qui boude. Puis, il a ouvert les ailes et s'est laissé tomber dans l'air. Il a décrit une boucle, en souplesse, et lorsque la lumière du soleil a effleuré les dessous de ses ailes, ils étaient pâles et nervurés, comme du sycomore ondé. Il a fait quelques tours en planant, puis il est revenu se poser sur la femelle. Leur accouplement a duré quelques brèves secondes ; il y a eu des battements d'ailes et j'ai cru qu'ils allaient perdre l'équilibre, mais alors il s'est laissé choir dans le vide et a décrit de nouveau une large boucle avant de regagner sa propre corniche. La femelle n'est pas restée longtemps satisfaite, cependant, et bientôt elle s'est remise à lancer ses appels. *Toi. Toi.*

Donc, voilà la situation. Des faucons pèlerins prêts à nicher. Encore une fichue raison de se faire du souci.

***

Dans certains endroits, les nids des faucons pèlerins sont surveillés vingt-quatre heures sur vingt-quatre, par crainte des pilleurs d'œufs ou des jeunes fauconniers sans scrupules, désireux de s'emparer des petits. Les balbuzards pêcheurs, de gros volatiles, sont eux aussi menacés par les voleurs d'œufs. J'ai entendu parler de notre nid de balbuzard local par un vieux bonhomme que je rencontre souvent, quand je sors me promener à bicyclette. C'est un septuagénaire au visage rond, qui, par beau temps, parcourt les collines et les chemins vicinaux situés derrière notre ville. Je ne connais pas son nom. Il porte une petite paire de jumelles et nous échangeons toujours les mêmes propos.

Je m'arrête et je demande d'une voix enjouée : « Vous avez vu quelque chose d'intéressant ? » Il n'est pas avare de ses observations et me parlera volontiers de buses ou de papillons. Puis nous disons : « Mais enfin où sont donc les gens ? Il y a deux mille cinq cents habitants dans notre ville, mais même par les journées les plus superbes, nous avons les collines et les bois pour nous tout seuls.
– *Ach*[1], ça n'intéresse plus les jeunes », dit-il en secouant la tête. Son propre souci de la nature relève presque du jaïnisme. Un jour, il s'est énervé de voir que des cavaliers avaient laissé leurs montures galoper à travers une flaque, l'envoyant gicler un peu partout sans souci pour les araignées d'eau. Les insectes, ils n'y pensaient même pas.

Afin de voir les balbuzards, j'ai pédalé jusqu'à l'endroit idéal que m'avait décrit mon vieux bonhomme. Des hauteurs de la colline, on dominait des champs verdoyants et l'estuaire au-delà. Au bord du fleuve se dressait un bosquet d'arbres, parmi lesquels un pin sylvestre, et j'ai vu,

1. *Ach* et *och* (son guttural) sont des interjections caractéristiques de l'Écosse.

en effet, à l'aide de mes jumelles que ce pin était affublé d'une espèce de ridicule toupet de branchages. Et par-dessus le marché, un oiseau se tenait bien droit tout en haut, comme une marionnette à doigts, observant le cours d'eau. Si le vieil homme ne m'avait rien dit, je ne l'aurais jamais remarqué, mais désormais il me crevait les yeux.

Cela, c'était l'année dernière, et maintenant que le printemps était de retour, j'ai résolu de saisir la première occasion de voir si ces gros oiseaux avaient accompli sans anicroche leur voyage vers le nord.

***

La paroi rocheuse est restée dans l'ombre jusqu'à l'après-midi. Aujourd'hui, le tiercelet s'y trouvait, assis de profil, plongé dans une inspection maussade de ses pattes. Il a soulevé une serre jaune, puis l'autre, comme quelqu'un qui a un chewing-gum collé à sa chaussure. Son poitrail couleur de crème tranchait nettement avec la roche et avec son propre dos, gris foncé. Puis, il s'est mis à l'aise, face à la vue, et bien qu'il parût être au repos, sa tête était sans cesse en mouvement. Son œil terrible, concupiscent, se posait sur tous les oiseaux qui passaient. Il scrutait constamment le ciel. En l'espace d'une seule minute, son regard a glissé une bonne vingtaine de fois, à gauche, à droite, directement au-dessus de lui, plus souvent qu'un pilote de Formule 1 ne change de vitesse. Il y a une phrase à laquelle je pense toujours, chaque fois que j'aperçois un oiseau de proie perché sur un poteau, ou que je regarde planer un faucon crécerelle. Si vous avez vu le faucon, vous pouvez être sûr que le faucon vous a vu.

Tout le monde dit que ce temps ne peut pas durer. « On va le payer ! » lançons-nous d'un commun accord, du fond de notre calvinisme jubilatoire. Pensez donc : une succession estivale de journées ensoleillées en plein mois d'avril. Notre maison est livrée à la poussière et à la négligence, parce que nous passons des heures dehors. Ce temps n'est pas de saison, mais de nos jours on ne sait plus ce que c'est que les saisons. Les fleurs de prunier vont éclore et le poirier de la maison d'à côté forme un parfait triangle d'écume blanche, teintée de vert. Ils vous font ça comme un tour de magie, ces vieux arbres. Tout l'hiver, ils arborent une sécheresse friable de vieillard, et puis on en voit surgir des fleurs qui, lentement, couvrent l'arbre, comme une salle de bal se remplit le samedi soir.

Les pèlerins ne s'intéressent pas du tout aux fleurs de prunier ni aux bourgeons. Ils les laissent aux bouvreuils pivoines et aux mésanges bleues. Il y a d'autres locataires sur la falaise, principalement des choucas et des pigeons ramiers. Les choucas se posent côte à côte, comme des paires de chaussures, au bord de leurs diverses niches. Je me demande s'ils se laissent impressionner par leurs voisins. Alors que les choucas vivent dans une douillette conjugalité, les faucons pèlerins se tiennent bien droits à une certaine distance l'un de l'autre, mais liés, dirait-on presque, par la tension exacerbée des danseurs de flamenco. Oui, c'est ça – les pèlerins ont le *duende*.

J'ai vu le tiercelet vers dix-neuf heures, de ma fenêtre. Il volait, propulsé par de rapides coups d'ailes. Celles-ci, ramenées en arrière et fuselées, battent plus rapidement qu'on ne pourrait le croire, elles ont la fulgurance d'un coup de poignet ou d'aviron. Il tenait quelque chose entre ses serres. Une petite forme noire, étourdie ou déjà morte. Il s'est dirigé non pas vers sa corniche, mais plus haut jusqu'à la colline, afin de manger en paix.

Les choucas de la ville s'élèvent tous ensemble, tourbillonnent au-dessus des jardins en croassant, puis se reposent sur les arbres et les saillies rocheuses. Pour les pèlerins, seule la vision compte – leurs corniches très élevées leur fournissent un panorama de l'estuaire tout entier, partant des montagnes presque jusqu'à la mer, une débauche de gris et de bleus, de roseaux et d'îles au milieu de la rivière. C'est une vue d'eau et d'air, à supposer qu'ils voient en effet les « vues ». À marée descendante, les bancs de sable découverts de l'estuaire ressemblent à de longues ailes peuplées par une foule d'oiseaux, occupés à se nourrir. Juste au-dessous des faucons pèlerins, cependant, il y a les toits d'ardoise pentus de la ville et ses nombreuses cheminées hors d'usage. Ces cheminées sont les repaires des choucas et je leur envie cette existence en altitude, qui leur permet de faire en même temps partie d'une maisonnée et des grands espaces.

***

Tandis qu'avril s'écoulait, j'ai consulté des livres et des guides pratiques, car je ne savais rien des faucons pèlerins. Ont-ils coutume de s'accoupler, puis de construire leur nid, ou bien est-ce l'inverse? Certains rapaces s'accouplent d'innombrables fois. Les balbuzards pêcheurs, à ce qu'il semble, remettent ça des centaines de fois, avant que les œufs ne soient pondus. Je ne sais pas si les pèlerins construisent un nid, à vrai dire, ou bien s'ils posent simplement leurs œufs sur la corniche, comme le font les oiseaux de mer. Ces questions sont nouvelles pour moi. Quand je veux apprendre quelque chose, j'ai recours aux livres et je me sens curieusement vulnérable quand je n'ai pas de volumes sur lesquels me rabattre, c'est comme si je me tenais moi-même sur une corniche. Je dois tout simplement apprendre à être patiente, apprendre à observer de mes propres yeux.

De même qu'ils ont leurs persécuteurs, leurs empoisonneurs et leurs pilleurs d'œufs, les oiseaux de proie ont aussi leurs alliés. C'est comme la vie pendant la guerre : on ne sait pas trop à qui se fier. C'est d'un certain garage qu'on a la meilleure vue sur l'endroit où les faucons font leur nid et je traînais dans le coin, aujourd'hui, en m'efforçant d'avoir l'air décontracté et de porter mes jumelles à mes yeux de façon un tant soit peu discrète, mais le mécanicien est sorti de son atelier en sifflotant et m'a prise sur le fait.

« Vous cherchez les faucons pèlerins ? m'a-t-il demandé. La vache, il faisait un de ces raffuts ce matin, le mâle ! »

Il a regardé par-dessus son épaule, mais son patron était occupé dans son bureau, si bien que le mécano m'a fait signe de le suivre. Il avait un pas chaloupé, les mains enfoncées dans les poches de son bleu de travail, le portable accroché à la ceinture. Il se dirigeait vers un baril de pétrole souillé de noir. Une fois à proximité, il a soulevé un vieux manteau, lequel cachait à son patron un télescope monté sur un pied assez bas.

« Regardez donc, me dit-il. Ils sont beaux comme tout. Ouais, j'ai un œil sur eux. »

***

J'ai entendu parler d'un livre, et tard l'autre soir, quand les enfants dormaient et que les oiseaux étaient perchés pour la nuit, j'ai fait le tour des vendeurs de livres d'occasion en ligne ; ce matin, le facteur m'a apporté mon achat. *The Peregrine* (Le Pèlerin), de J. A. Baker. Publié en 1967, c'est un classique de l'histoire naturelle anglaise ; un livre perspicace et touchant sur les liens que peut avoir un homme avec la contrée qu'il habite et avec ces oiseaux en particulier. Il est épuisé, à l'heure qu'il est, et mon exemplaire avait dû traverser le pays jusqu'à moi depuis Bristol. Sur la page de garde figure le nom du précédent propriétaire, John Hunter[1], un nom qu'on pourrait prendre pour celui du faucon pèlerin lui-même, dans la tradition populaire.

1. Littéralement, Jean Chasseur.

***

Les chaudes journées se sont prolongées, mais elles étaient inaugurées, tous les matins, par un de ces *haars*[1] épais et humides qui sentent la mer à plus de trente kilomètres. Tôt ce matin, j'ai regardé la femelle de mon couple de faucons voler à travers la brume dans un bruissement d'ailes. Elle emportait la carcasse d'une proie dans le fond de sa corniche. L'après-midi, quand la brume a été dissipée par les feux du soleil et que la température s'est élevée, j'ai emporté mon livre dehors, dans l'intention de le commencer. On était en période de vacances scolaires et nos enfants jouaient dans le jardin avec ceux de nos voisins. Je me suis installée pour lire et j'ai appris d'emblée que les yeux du pèlerin sont plus grands et plus lourds que les nôtres.

Soudain, une formation d'avions de combat a fendu l'air au-dessus de moi. J'ai eu envie de me couvrir les oreilles, mais je me suis obligée à écouter, afin d'entendre ce qu'entendaient les oiseaux. Mon fils est arrivé en courant auprès de moi, suivi par une nouvelle agression sonore : trois autres avions à réaction, déchirant le ciel pâle. Mon fils a sept ans, il était si excité qu'il avait envie de bondir, de courir dans la maison dessiner des avions de combat.

Plus tard, la radio a annoncé que des Leuchars de la RAF étaient allés « souhaiter la bienvenue » aux Tornado

1. Brouillards, fréquents en Écosse, que le vent de mer pousse vers la terre.

qui revenaient d'Irak. Ces appareils étaient sans doute ceux-là mêmes qui avaient hurlé au-dessus de notre jardin, en formation, de retour de cette guerre lointaine que nous avions regardée à la télévision. Le bruit assourdissant de leurs moteurs avait noyé tout le reste, mais les oiseaux du jardin, les verdiers dans les pruniers, ont aussitôt repris leurs gazouillis.

Par la suite, j'ai cherché des yeux les faucons, mais ils n'étaient plus là. J. A. Baker a écrit : « Les pèlerins vivent dans un monde sans attaches, où l'on évacue tout, un monde de sillages et de bascules, de plans d'eau et de terre qui ne cessent de sombrer. » Il m'arrivait quelquefois de les envier. Plus tard encore, mon fils m'a demandé si on allait nous bombarder. « Non, lui ai-je dit. On ne nous bombardera pas. »

***

Les faucons pèlerins tuent leur proie en fondant sur elle depuis les hauteurs. Ils ont d'autres méthodes, mais ce plongeon, qu'on appelle un piqué, est la plus spectaculaire. Ils peuvent prendre une altitude considérable, replier leurs ailes et fendre l'air à la verticale, à une vitesse qui avoisine parfois les deux cent quarante kilomètres à l'heure, en émettant une espèce de hurlement. La victime, saisie en plein vol par cette terreur tombée du ciel, ne sait sans doute même pas ce qui lui arrive. Elle est assommée par le choc, puis tuée par une morsure au cou que lui inflige le bec recourbé du faucon. J'ai beau scruter le ciel, je n'ai encore jamais vu les pèlerins à la chasse. Une fois, quand même, j'ai vu la femelle enjamber sa corniche pour tomber comme une pierre dans un sureau, douze mètres plus bas. Provoquant dans cet arbre une explosion de choucas.

***

Quand est venu le dimanche de Pâques, la période de temps chaud s'était interrompue. Un âpre vent d'est soufflait de la mer. Comme le veut la coutume, nous avons fait durcir des œufs que les petits ont peints, puis nous nous sommes rendus dans le jardin public pour les faire rouler en bas de la pente. Il n'y avait pas grand monde, cependant, et nous n'avons pas tardé à nous disperser. L'après-midi, j'ai vu le tiercelet contourner la falaise, poursuivi par un unique corvidé. Celui-ci a pris la tangente et il est parti se percher dans un arbre, mais sans doute le faucon en est-il resté piqué au vif, parce que je l'ai vu décrire encore deux ou trois cercles, tout seul, en plongeant, comme pour exprimer son mépris envers tout ce qui volait au-dessous de lui. Un choucas s'est esquivé, la vie sauve. Puis le pèlerin a repris de l'altitude et s'est éloigné, au-dessus de la colline, se détachant pendant de longues minutes sur la brume ensoleillée. Une heure plus tard il était de retour. Sur une autre corniche, deux mètres au-dessous, j'ai vu une masse qui ressemblait à un coussin déchiqueté, d'un gris rosé de tourterelle.

« On va le payer » – et voilà qu'il pleuvait, à seaux. L'eau ruisselait dans les gouttières et à la surface des champs. La femelle de mon couple de pèlerins était blottie sous une corniche en surplomb, le dos tourné, comme l'idiote de la classe qu'on aurait mise au coin. Mais idiote, elle ne l'était pas. On voyait bien qu'elle était sur le qui-vive, sa tête pivotait au moindre mouvement. Le plafond bas nous apportait une mélancolie presque agréable. Je suis allée me promener sur la colline. Des agneaux s'étaient réfugiés sous une vieille aubépine. Après la pluie, cependant, deux jours complets, nous avons vu poindre une journée éclatante et reluisante de propreté : tout avait été rincé à fond, le ciel et les arbres, les gouttières et les fenêtres, et même les éclaboussures de fiente, sous la corniche des deux faucons, avaient disparu. Dans l'air limpide, le tiercelet paraissait lui aussi mieux défini, son dos gris était satiné, son bec et ses serres d'un jaune bouton-d'or.

J. A. Baker dit que les pèlerins se baignent tous les jours dans l'eau douce et courante des ruisseaux. Il a consacré dix années à l'étude de ces oiseaux, en East Anglia[1], passant des journées entières à courir la campagne, se cachant dans les fossés, pédalant le long des sentiers, examinant les carcasses des oiseaux que les pèlerins avaient tués pour se nourrir. Il n'existe pas un seul oiseau qu'il ne connaisse et ne soit capable de décrire. Pour ma part,

1. La région de l'East Anglia regroupe trois comtés : le Norfolk, le Suffolk et le Cambridgeshire.

j'ai toujours des jumelles sur moi, et je jette des coups d'œil à l'heure du café, ou avant d'aller chercher les enfants à l'école. Où devrais-je regarder, si je voulais surprendre mes oiseaux au cours de leurs pérégrinations ? Où le faucon va-t-il chasser ou se baigner, je n'en ai pas la moindre idée.

Je n'ai pas non plus la moindre idée concernant J. A. Baker, je ne connais même pas son prénom. Il s'est totalement abstrait de son livre. Celui-ci est dédié « À ma femme » – voilà le seul renseignement sur sa vie. Mais, dans la littérature, il existe, pour ainsi dire, une tradition d'hommes solitaires sur la piste des oiseaux. Dans ses étranges Mémoires concernant sa retraite dans le domaine de la fauconnerie, *The Goshawk*, T. H. White se permet une unique allusion à sa crainte de la guerre qui approche ; il y a aussi l'émouvant livre de Paul Gallico, *L'Oie des neiges*. Et que dire du *Birdman of Alcatraz* de Thomas E. Gaddis ? Comme cela se trouve, notre théâtre local est en train de monter *Kes*, et il y a, dans les vitrines des magasins, des affiches montrant un jeune garçon levant les yeux vers le faucon, tandis qu'il plane, la queue déployée contre l'azur du ciel. Et même un livre aussi récent que *The Snow Geese*[1] de William Fiennes raconte le voyage d'un convalescent.

Coincés entre la lessive et le trajet à l'école pour récupérer les enfants, voilà comment les oiseaux pénètrent dans

1. Paru en 2014 sous le titre *Les Oies des neiges*, aux Éditions Hoëbeke.

ma vie. J'écoute. Lors d'une accalmie dans la circulation, j'entends des huîtriers. Dans la cour de récréation de l'école, des moineaux – les rares qui restent – gazouillent du haut des gouttières. Il y a les anciens nids des hirondelles, là-haut. Nous sommes à la fin du mois d'avril, mais où sont les hirondelles ? Les oiseaux vivent à la périphérie de mon existence. Cela me va très bien. J'aime à sentir que les marges de ma vie sont à demi perméables. Je ne saurais dire où vont les faucons pèlerins, quand ils ne sont pas sur leur corniche en pierre.

***

Quand sont venus les derniers jours d'avril, les hirondelles étaient là, babillant sur notre fil téléphonique. J'ai repris mes repères et j'ai vu les faucons, assis à un mètre l'un de l'autre là-haut, contre la falaise. Lui avait toujours l'air d'être en pierre, une statuette votive sur un piédestal démesuré. Elle était agitée, elle s'étirait, lissait son plumage. Elle soulevait une aile et l'étendait à l'oblique en travers de son dos, un vrai mouvement de ballerine. Puis elle se grattait l'oreille avec ses griffes jaunes. Ensuite, elle lissait son poitrail. Il était environ huit heures trente, un samedi matin. Les enfants sont entrés dans ma chambre, réclamant leur petit déjeuner, mais j'étais penchée par la fenêtre, en chemise de nuit, les jumelles vissées aux yeux. Je pensais qu'elle allait peut-être s'envoler bientôt et je voulais saisir le moment précis où elle enjamberait la corniche et prendrait son vol, afin de voir dans quelle direction.

« Les hirondelles sont de retour. Vous les entendez ? ai-je dit.

– Maman, on voudrait notre petit déjeuner.

– Une minute… »

Ah, zut, j'avais détourné les yeux un instant et pendant ce temps, la femelle avait cessé son petit manège et s'était envolée. Mais de nouveau la porte s'est ouverte à toute volée. « Maman, on voudrait notre p'tit déj'. Dans le salon. Comme ça, on pourra regarder les dessins animés à la télé.

– Bon, d'accord, ai-je lancé. J'arrive. »

***

Vers midi, je me suis accordé une heure pour filer sur mon vélo voir si les balbuzards pêcheurs étaient enfin sur leur nid, cette année, et c'était bien le cas. À deux champs de distance, déjà, j'apercevais une tête noir et blanc, comme un garde casqué passant le nez par-dessus le rempart. Il y avait une bonne brise et des nuages échevelés, la lumière était si vive qu'elle faisait mal aux yeux. La mer était haute et je suis descendue jusqu'à l'estuaire, le long d'un chemin de ferme qui aboutissait à un endroit où une rivière de moindre importance se jette dans le *firth*[1]. Quand le terrain est devenu trop boueux, j'ai laissé ma bicyclette et je me suis frayé un chemin à travers les roselières,

1. *Firth* est un mot écossais, désignant l'embouchure ou l'estuaire de certains fleuves côtiers.

jusqu'à ce que l'eau soit devant moi, comme un endroit secret. À l'embouchure de la petite rivière, des cygnes s'étaient réunis, se reposant sur l'eau – cinquante-neuf oiseaux, comme ceux qu'avait Yeats à Coole. Beaucoup d'entre eux étaient des juvéniles, dont le plumage brunâtre se voyait encore au milieu du blanc, si bien que je me suis demandé s'il s'agissait d'un rassemblement de bêtes trop jeunes pour se reproduire, un club pour cygnes adolescents. De temps en temps, l'un d'eux se dressait et battait des ailes, puis il se posait de nouveau sur les eaux ondoyantes.

J'avais vu mes balbuzards pêcheurs et l'assemblée de cygnes, donc, satisfaite, j'ai fait demi-tour pour reprendre le chemin de la maison. Tout en marchant jusqu'à mon vélo, j'ai levé les yeux par hasard et là, volant vers moi, j'ai vu quelque chose de gigantesque, quelque chose que je n'avais encore jamais vu, je le savais. J'ai senti mes cheveux se hérisser sur ma nuque et je me suis empressée, maladroitement, de ressortir mes jumelles. La bête qui approchait faisait penser à un bâton volant, vu de profil, et elle ne cessait d'épaissir au fur et à mesure qu'elle approchait. Elle volait à grands coups d'ailes très lents et il me semblait qu'elle allait passer directement au-dessus de moi. Je me suis agenouillée, pour me faire aussi petite que possible, et j'ai repris mon équilibre, afin de bien la cadrer dans les verres de mes jumelles, tout en me disant de rester calme, de regarder attentivement et de me rappeler. C'était un gros oiseau. Regarde les ailes, me suis-je dit : droites et rectangulaires, avec des extrémités noires qui ressemblaient à des doigts. Regarde comment il vole – pas comme un héron, avec des battements d'ailes lourds et assurés, mais plus… frémissants. Lorsqu'il est passé juste au-dessus de moi, il m'a paru plus étrange encore, comme une espèce de croix biscornue. J'ai pivoté sur mes genoux pour le regarder voler vers le sud, au-dessus des champs et du village. Il semblait se diriger vers le col qu'emprunte la quatre-voies, au milieu des collines, et mes jumelles écrasaient l'image, donnant l'impression que les collines se dressaient plus proches et plus hautes, tandis que l'oiseau se détachait contre elles. Puis il a bifurqué et je l'ai vu de profil, son vol était presque craintif pour une créature aussi énorme. Dans cette position, je voyais clairement la tête tendue loin en avant, au bout d'un cou si long et si fragile qu'il aurait pu se rompre, et je voyais aussi les longues pattes et les serres tendues derrière lui, au maximum.

À l'instar d'un paysan médiéval à qui une vision a été consentie, j'étais agenouillée dans un champ, clouée sur place par cette croix surnaturelle dans le ciel. Puis, une fois qu'elle se fut lentement propulsée hors de vue, j'ai foncé jusque chez moi, aussi surexcitée qu'un enfant, gardant son image dans ma tête, comme un récipient d'eau – pas une goutte ne devait être renversée.

Voilà ce que je veux apprendre à faire : remarquer, mais sans analyser. Immobiliser la partie du cerveau qui n'arrête pas de jacasser, « Oh, là, là, c'est quoi, ça ? Une cigogne, une grue, un ibis ? – mais ne dis donc pas n'importe quoi, c'est un héron un peu bizarroïde, voilà tout. » Quelquefois, il faut savoir faire taire la voix intérieure frénétique qui braille, « Ne dis pas de conneries », et apprendre de nouveau à regarder, à écouter. Organiser et redessiner, diagnostiquer et identifier, tu pourras le faire plus tard, mais pour le moment, contente-toi de t'ouvrir à l'être que tu as sous les yeux, vois donc comme il oscille nerveusement au vent, essaie de distinguer sa couleur, sa forme de mauvais augure – garde tout ça en tête, rapporte-le chez toi intact.

Il y a une réserve de la RSPB[1] à une trentaine de kilomètres et j'ai appelé le gardien. Il a manifesté un chaleureux enthousiasme. C'était sans doute une grue commune, même si elle n'était pas si commune que ça par ici, puisque la présence d'une d'entre elles n'avait été signalée que dix fois dans les archives du comté. Elles se reproduisent en Scandinavie, donc elle avait fait un sacré bout de chemin, portée par ses longues ailes frémissantes.

J'observe les pèlerins. Sur mon bureau, mes jumelles sont à portée de main, de préférence au téléphone ou à n'importe quel ouvrage de référence. Si je fais pivoter mon siège et porte les jumelles à mes yeux, je les vois. Ça commence à devenir un tic. Je suis comme deux de mes amis. Un qui pose son portable sur la table du pub, ou qui le garde sournoisement dans sa poche, et contrôle

1. Royal Society for the Protection of Birds, société protectrice des oiseaux.

tous ses messages. L'autre, une femme, qui a des problèmes avec ses lentilles de contact et qui, tout en parlant, détourne les yeux pendant de longs moments, en attendant que ses lentilles reviennent couvrir son iris, lui permettant de voir clair de nouveau. Je ne sais pas si l'un ou l'autre a conscience d'agir ainsi. Combien de fois par jour m'arrive-t-il de contempler la corniche des faucons à travers mes jumelles ? Je n'en sais rien. Peut-être trente, peut-être cent.

Cela dit, je me fais du souci à leur sujet. Alors qu'on pourrait croire qu'ils seraient occupés à couver leurs œufs, ils sont souvent visibles, tous les deux. Et maintenant, ça fait des jours que je n'ai vu ni l'un ni l'autre.

***

J. A. Baker dit : « Si vous ne voyez le faucon nulle part, levez donc les yeux » ; mais j'ai beau scruter le ciel, je ne vois rien d'autre que des nuages gris, si bien que je finis par me poser plutôt des questions sur le compte de J. A. Baker. C'était qui, ce type qui a pu passer dix ans de sa vie à suivre des faucons pèlerins ? Il ne travaillait donc pas ? C'était peut-être un grand propriétaire terrien. Qu'est-ce qui lui permettait de passer ses journées à ramper dans les champs et les fossés, tout l'hiver, au point d'être capable de savoir, uniquement parce qu'il sentait une tension dans l'air, qu'il y avait un faucon dans le ciel ? Son livre est fourmillant, frémissant, surexcité, affamé. Il écrit comme on peut penser qu'un faucon voit et donc, il nous permet de voir, nous aussi. J'ai remonté des champs en pente, plantés d'ajoncs, au parfum de noix de coco, jusqu'au sommet de la colline et observé une paire de buses qui tournoyaient et criaient au-dessus de moi, si près que je pouvais voir le bec de l'une s'ouvrir quand elle piaulait, et le dessous pâle et rayé de ses ailes.

C'est un paradoxe : nous avons là un homme prêt à s'annihiler et à renoncer à ses congénères, un homme qui voudrait pénétrer dans le monde des oiseaux, dans les bois, dans le ciel, mais qui ensuite, au cours d'un acte de suprême communication envers sa propre espèce, retourne au langage et écrit un livre dont on parle encore quarante ans plus tard.

Le gardien de la RSPB m'a vivement encouragée à envoyer à l'archiviste ornithologique du comté une description écrite de ma grue, ce que j'ai fait. Cet archiviste – bénévole – est un ornithologue, qui réunit et compare les données que lui adressent les autres amateurs d'oiseaux du comté. Il m'a répondu très amicalement, par mail, en me précisant que mon rapport serait transmis au comité des raretés et « jugé ». Je les ai aussitôt imaginés, ces juges des rapports ornithologiques, affublés de perruques et de becs, comme des jeunes hiboux. En pièce jointe, il m'a envoyé le rapport du comté pour l'année précédente. « Au cas où ça vous intéresserait. » Cela m'intéresse, oui, même si je serais bien en peine d'expliquer pourquoi. Je suis contente de savoir que le 12 septembre à Braco, cent dix-neuf grives draines se sont réunies, ou bien qu'un bec-croisé se trouvait dans le Black Wood of Rannoch. C'est de cela que parle Louis MacNeice[1], lorsqu'il dit que le monde est « incorrigiblement pluriel ».

Devant la fenêtre, en cette morne matinée, quatre ou cinq corneilles harcelaient non pas un faucon pèlerin, mais un balbuzard pêcheur qui longeait la colline, à grands battements d'ailes réguliers. Il a eu comme une contraction pour s'en prendre à ceux qui le tourmentaient, il a basculé, s'est rétabli et il a poursuivi son vol plein de décision. Le tiercelet est apparu à trois heures moins dix, très exactement. Je devais partir chercher les enfants à l'école, et j'ai jeté un coup d'œil à travers les jumelles, juste à temps pour voir les choucas du voisinage s'élever vers le ciel, tandis qu'il s'abattait au milieu d'eux pour arriver jusqu'à son poste. Il s'y est tenu quelques minutes, a fait un brin de toilette, puis il a disparu de nouveau. C'était la première fois que je le voyais depuis de nombreux jours et j'ai commencé à me demander s'ils étaient vraiment en train de couver.

***

Avril a fini en lion, avec des tempêtes de pluie et de vent. Je suis sûre à présent qu'il y a un problème. La corniche des pèlerins présente un aspect vide et abandonné, une feuille d'oseille tournoie au vent. « Continuez d'observer ! » m'avait

1. Louis MacNeice (1907-1963) est un poète nord-irlandais, grand ami de W. H. Auden.

dit l'archiviste, d'un ton jovial, et cela fait quatre jours que j'observe maintenant, mais je n'ai vu aucun des deux faucons. On dirait qu'ils se sont évanouis dans les airs. Ce sont des choses qui arrivent – le Rapport ornithologique signale que deux couples de pèlerins seulement, dans le comté tout entier, ont tenté de fonder une famille. Les deux tentatives ont échoué. Je peux me tromper, cela m'arrive souvent, mais je trouve que la corniche des faucons commence à perdre son caractère particulier, elle est en train de redevenir une partie anonyme de la falaise. Si j'étais J. A. Baker, je sentirais l'absence de leur regard sur moi.

Des coups de vent ont fait rage tout au long de la soirée. La nuit est tombée tôt. Depuis la fenêtre de devant, nous avons regardé des nuages noirs filer vers la mer, au-dessus de l'estuaire, mais les jardins de derrière présentaient un aspect tropical ; les arbres et les buissons, dans toute leur verdeur, ployaient et se balançaient. J'ai mal dormi, en entendant le vent cogner dans les cheminées. Le matin, la radio a fait savoir que des rafales à cent soixante kilomètres à l'heure avaient soufflé au-dessus des monts Cairngorms, mais à quatre heures, j'étais bien éveillée dans mon lit et je me faisais du souci pour les oiseaux. On a des tas de sujets d'inquiétude, aux petites heures du matin, mais c'était la première fois que je redoutais de constater qu'un nid de balbuzard pêcheur avait volé en éclats, tout en haut d'un pin bousculé par le vent.

Au matin, la pluie était passée, mais le vent continuait de souffler. En allant chercher les vêtements des enfants dans le sèche-linge, j'ai jeté un regard par la fenêtre et j'ai vu le balbuzard mâle, empruntant vers l'est le chemin qu'il avait déjà pris. Encore une fois, il suivait la ligne des collines, mais soudain, non sans mal, il s'est tourné face au vent et s'est mis à basculer et à se débattre contre les rafales. Le dessous de ses ailes paraissait très blanc, lorsqu'il virait sur l'aile, alors que les extrémités étaient sombres et écartées. Deux ou trois corneilles ont tenté quelques sorties dépourvues de conviction dans sa direction, mais elles n'étaient que de piteuses adversaires que le gros oiseau n'a eu aucun mal à écarter. Il m'a semblé qu'il cherchait à trouver un courant ascendant pour le soulever par-dessus le sommet. Il y a par là-bas un loch où l'on pêche, empli de truites, un véritable service fast-food pour un oiseau comme celui-ci. Puis le balbuzard a disparu et je me suis penchée de nouveau sur le sèche-linge, en quête de chaussettes assorties.

***

Ce qui fait plaisir, chez les balbuzards pêcheurs, c'est le discret succès avec lequel ils ont repris la place qui est la leur. Voilà un tort réparé, un changement dans nos attitudes, tandis que l'oiseau lui-même se tourne face au vent dominant. Ces oiseaux étaient, en effet, originaires de nos régions, mais ils avaient été exterminés par les chasseurs au XIXe siècle. Puis, vers le milieu du XXe siècle, ils ont commencé à reparaître timidement, et avec l'aide des hommes, les balbuzards ont désormais rétabli cent cinquante sites de nidification en Écosse et même un en Angleterre. Certains de ces sites sont célèbres ; on en a fait des spectacles publics, avec des zones d'où l'on peut les observer et des liens vidéo. Il existe de grands panneaux routiers nous aiguillant vers les nids et cela ne nous paraît pas incongru. J'aime être au courant de tout cela. J'aime être en mesure de lever les yeux de mes occupations journalières pour voir le balbuzard ou le pèlerin, vaquant aux leurs.

La grue était étrange, elle n'était pas à sa place, cette énorme croix tremblotant dans les airs, du bois dont on fait les mauvais présages et les prémonitions. Pendant deux jours, j'en suis restée tout excitée et sur les nerfs. J'attends d'être « jugée ». Tandis qu'avec les faucons pèlerins, c'est autre chose : ce n'est pas cette vénération de la maîtrise qu'éprouve le fauconnier, ni un désir de m'identifier à la terreur, au prédateur survolant sa proie. Ce qui me plaît chez les pèlerins, c'est leur rareté. Je suis sûre qu'ils sont partis à présent, mais pendant quelque temps, j'ai pu savourer le plaisir d'un chaleureux secret : je pouvais contempler ce bel oiseau si peu commun depuis ma propre fenêtre, et je savais qu'il était là. J. A. Baker emploie le mot « vaciller ». Le pèlerin vacille à la limite de nos sens, au bord du ciel, aux confins de l'existence même.

***

La nuit dernière, à l'heure où des ombres s'allongeaient au-dessus des champs et où le ciel vespéral, lavé par le vent, était d'un bleu blanchâtre, je suis sortie à vélo m'assurer que le nid des balbuzards avait bel et bien survécu à la tempête, mais un homme gisait en travers de mon chemin. Il était vautré à plat dos sur le sentier, les chevilles croisées, les mains soigneusement enlacées sur sa poitrine. Une boîte de tabac sortait de la poche de son pantalon et il était saoul comme une grive. Telle une victime ensorcelée, il regardait à travers les branches des pins qui le surplombaient. Les freux qui logent dans ces arbres étaient perplexes et croassaient dans le vent, en se penchant vers l'homme prostré qui levait les yeux vers eux. Je suis passée bien au large et j'ai continué ma route.

Trouvailles

L'os est subtil et durable.
GEORGE MACKAY BROWN

J'ai cisaillé la tête du fou de Bassan, à l'aide de mon canif, et la besogne est devenue une de celles dans lesquelles on regrette amèrement de s'être lancé. Il s'agissait d'un couteau suisse, dont la lame ne faisait guère plus de cinq centimètres, or un fou, lorsqu'il plonge, peut pénétrer dans l'eau à cent quarante kilomètres à l'heure : c'est dire si son cou est résistant. C'était le petit jour, marée basse, et j'étais bien contente d'avoir la plage pour moi toute seule. Quand j'ai eu enfin sectionné la tête, j'ai fait rouler le corps avec mon pied. Il était à la fois léger et dense, encore couvert d'une bonne partie de son plumage, mais le poitrail blanc était sale et les ailes, bordées de noir, dépenaillées. C'était sans nul doute un fou du sanctuaire d'Ailsa Craig, puisque son cadavre était venu s'échouer sur l'île d'Arran[1]. Après quoi, j'ai laissé la dépouille au milieu du varech séché et des débris de coquillages et j'ai emporté la tête chez moi dans mon sac.

C'était le crâne que je voulais, sa forme sculpturale, ses orbites aveugles et ce grand bec perforateur. Je l'imaginais déjà installé dans une vitrine et accroché au mur, ou, mieux encore, exposé sur la table basse ici même, dans mon bureau. Phil, mon mari, avait fabriqué ce meuble à partir d'un énorme morceau de chêne extirpé du *firth*. Deux puissants supports, en bois séché à cœur, étaient individuellement fixés à la plaque qui formait le dessus par six tenons traversants. Cette plaque fait trois bons centimètres d'épaisseur, mais elle est de couleur claire. Un crâne d'oiseau ferait bel effet sur ce chêne massif. Phil pense qu'il s'agit sans doute d'un pilotis d'une ancienne jetée, lequel a fait le voyage vers l'aval pour venir s'échouer parmi les roseaux. Il était si gros que Phil n'a pas pu le soulever et qu'il a dû l'attacher solidement, attendre la marée montante, puis le laisser flotter au bout d'une corde et le tirer ainsi sur la cale. Ensuite, il l'a scié en trois pour pouvoir le rapporter à la maison en trois voyages, dans un sac à dos. « J'avais l'impression de transporter un frigo », m'a-t-il assuré.

1. L'île d'Arran, à l'ouest de l'Écosse, dans l'estuaire de la Clyde, est proche des Hébrides intérieures.

J'ai mis la tête du fou au fond d'un pot, dans l'établi, et j'ai versé dessus une dilution de soude caustique. Quand nous étions petits, nous nous amusions à faire briller nos pièces d'un penny avec de la sauce barbecue ou du Coca-Cola. J'avais comme une idée que la soude caustique pourrait dissoudre la peau et la chair, en laissant les os intacts. Elle est restée sans effet. Tous les jours, je touillais cette cochonnerie avec un bâton, mais le fou se contentait de faire le yo-yo dans son pot, en me foudroyant du regard, les plumes toujours solidement fichées dans la peau de son crâne. Pour finir, les os, au lieu d'être nettoyés, se sont amollis et le liquide a pris une ignoble teinte d'un brun verdâtre ; au bord de la nausée, j'ai versé le tout dans un trou creusé dans une plate-bande.

Mais la table de Phil était en place et, dessus, il y avait deux bâtons blancs que j'avais trouvés à l'extrémité orientale du loch Avich. Il y en avait par milliers, à cet endroit, de ces irrésistibles bâtons blancs. Ils n'étaient pas droits, comme des baguettes magiques ou des baguettes de chef d'orchestre, mais sinueux comme des anguilles. J'en avais choisi deux et avais laissé derrière moi de quoi couvrir une grève entière. Selon la mythologie nordique, la première femme et le premier homme ont été créés à partir de deux branches de frêne échouées sur une grève, et je me rappelle y avoir songé en farfouillant sur la rive du *loch*, élevant les bâtons, l'un après l'autre, vers la lumière du soir, avant de choisir.

Ce serait chouette d'avoir le crâne d'un fou de Bassan. Ou celui d'un courlis cendré. Mais les crânes d'oiseau sont difficiles à trouver. J'imagine que la plupart des oiseaux marins meurent en mer et que leurs os fragiles sont pulvérisés par l'eau ou le vent.

Un jour, sur une impeccable plage de sable, dans le comté de Donegal, j'ai trouvé cinq poissons argentés qu'une vague venait d'abandonner là, luisants et propres, comme des couteaux dans une ménagère.

***

L'*Annag* était à l'ancre dans le Sound of Shillay. Ce chenal sépare deux des îles Monach, Shillay, justement, et Ceann Iar, et bien qu'il soit abrité du vent, le yacht roulait et moi, j'étais en train d'enjamber le bastingage, cramponnée à ce que j'avais appris à appeler les haubans.

Nous n'avions pas prévu de venir à cet endroit – à vrai dire, je n'avais jamais entendu parler des îles Monach auparavant –, mais je suis descendue le long de l'échelle en plastique rouge jusqu'au Zodiac. Nous avions espéré atteindre St Kilda[1], mais, comme l'avait fait remarquer le skipper d'un ton bourru, dans ce monde rien n'est jamais garanti. C'était un homme taillé à la serpe, du nom de Donald Wilkie. Le vent restait trop à l'est pour pouvoir gagner St Kilda et il avait décidé de mouiller là où

1. Archipel écossais, désormais inhabité, à 66 kilomètres à l'ouest des Hébrides extérieures.

nous étions pour la journée. En attendant, nous pouvions descendre à terre, si nous en avions envie, et voir ensuite de quoi demain serait fait.

Tout à coup, le flanc du yacht s'est soulevé, tandis que l'annexe s'abaissait, un mètre d'eau de mer béait au-dessous de moi et j'ai paniqué. Donald s'est mis à crier pour dominer le vent et m'a dit d'aller me blottir derrière lui, afin de laisser de la place aux deux autres. Quand ils ont été à bord, il a lancé le moteur, s'éloignant de la coque blanche du yacht, et pris la direction du rivage. Les vagues éclaboussaient la proue et venaient nous inonder les pieds, la pluie nous fouettait le visage. Nous étions tous encapuchonnés dans nos cirés et Donald, debout à la barre, avait tout particulièrement l'air d'un moine : un moine loup de mer, en froc jaune.

Depuis l'endroit où ils se hissaient hors de l'eau, sur les rochers situés devant nous, des phoques gris observaient notre arrivée. Quelquefois, sur le yacht, lorsque le vent se calmait un court instant, nous parvenaient les espèces de tristes aboiements qu'ils s'adressent les uns aux autres, mais pour le moment, c'était tout juste si nous pouvions nous entendre par-dessus le vrombissement du moteur. Les phoques ne paraissaient pas s'inquiéter de notre présence, mais en nous voyant approcher, un groupe de vieux mâles s'est remis à la mer. Nous étions si bas sur l'eau, dans notre canot pneumatique, que c'était l'île qui paraissait se gonfler, comme sous l'effet d'une pompe, pour prendre la forme qui est la sienne. L'endroit était peu élevé et inhabité, encerclé de dunes et de sable pâle. Quand nous avons atteint le rivage, Donald a mis à profit la poussée du moteur pour maintenir l'embarcation contre les rochers juste assez longtemps pour nous permettre d'enjamber le bord, trouver notre équilibre et nous hisser jusqu'à l'herbe.

Je n'avais encore jamais mis les pieds sur un yacht, jamais navigué sur un bateau plus petit qu'un ferry de la compagnie CalMac, je n'étais jamais arrivée à terre ailleurs que dans un port, une ville, avec toute la panoplie des activités humaines – les casiers empilés, les émanations de diesel, une église en haut d'une butte avec une girouette en forme de poisson. Je n'avais jamais compris qu'on pouvait tracer une ligne droite à travers l'océan et appeler ça un cours. Ceann Iar n'est pas habitée par l'homme, mais les oiseaux s'y reproduisent; l'air était patrouillé par les huîtriers, les fulmars, les sternes et il y avait quantité de lapins et de moutons.

Quand nous avons été tous les trois sur la terre ferme, Donald a fait demi-tour dans son annexe et il est reparti jusqu'à son yacht, porté par les vagues. Je suis restée immobile quelques instants, observant sa progression, laissant le mouvement de la mer s'apaiser dans mes oreilles. Martin et Tim étaient en train de retirer leurs gilets de sauvetage rouges et de les accrocher autour des barres horizontales d'un enclos à moutons, remontant la fermeture à glissière pour qu'ils ne risquent pas de s'envoler. Peut-être est-ce là qu'on tond les moutons. Il y avait des touffes de laine à nos pieds, trop chargées de pluie pour partir dans le vent, pourtant violent.

L'eau que nous venions de traverser était bleu d'encre, mouchetée de blanc, mais plus calme ici, dans le Sound of Shillay, qu'en haute mer. Au-delà du chenal, les vagues se ruaient vers l'ouest. Il pleuvait sans trêve. Dans ce lieu d'eau, d'horizons et d'îles vertes et plates, il n'y avait qu'une seule ligne verticale : le phare de Shillay. La pluie me cinglait le côté gauche et le vent me chahutait, tandis que je levais mes jumelles pour observer l'autre côté du chenal. Quelque chose avait dérangé la colonie de sternes arctiques au pied du phare. Elles se déplaçaient dans le vent, décrivant des volutes les unes autour des autres, mais, une grande trentaine de mètres plus haut, le portique autour de la lampe était le fief des grands corbeaux. Deux d'entre eux dressaient leur noirceur contre le ciel gris, en plein vent. Quand j'ai baissé mes jumelles, le yacht m'a paru affreusement petit entre les deux îles, avec son mât et ses haubans blancs, aussi petit et fragile qu'un crâne d'oiseau.

Mes deux compagnons d'aventure ne s'étaient jamais rencontrés auparavant, mais il se trouvait, tout à fait par hasard, qu'ils étaient tous les deux ingénieurs du son ; Tim Dee produit des émissions pour BBC Radio ; Martin Leitner travaille, quant à lui, pour la radio nationale autrichienne. Dans leurs sacs étanches, ils avaient apporté des micros, des magnétophones et des jumelles. Tous deux s'intéressaient aux oiseaux. Au cours des cinq ou six jours que nous venions de passer ensemble, j'avais appris à goûter la compagnie de ces gens qui sont à l'écoute du monde. Qui n'ont pas besoin de parler sans répit. Ils guettaient les cris d'oiseaux, le bruit des vagues suçant les rochers, du cordage claquant contre le mât. Il m'arrivait parfois de les voir échanger des regards, s'adresser un sourire complice et je me demandais ce que j'avais raté.

À côté de l'enclos à moutons, se trouvait la cabane des bergers, pas plus grande qu'un abri de jardin, avec à proximité trois énormes flotteurs ronds qui faisaient penser à des ballons sauteurs. La pluie devenait diluvienne, à présent, mais nous nous sommes mis en route sur le *machair*[1], nous dirigeant vers l'intérieur de l'île, vent dans le nez. Il n'y avait guère de fleurs sous nos pieds en dehors de minuscules pensées de mer jaunes. Nous n'avions pas d'autre programme que de passer quelques heures à explorer avant de regagner, à une heure fixée d'avance, notre lieu de débarquement où l'on viendrait nous récupérer. Mais l'air grouillait d'oiseaux. Tim était le plus savant de nous trois.

« Et ceux-là, c'est quoi ? lui demandais-je en voyant un vol d'oiseaux du rivage.

– Des bécasseaux variables et quelques tournepierres », me criait-il en réponse.

1. En Écosse, *machair* désigne des étendues de basse altitude, plates et fertiles, en bord de mer.

À un moment donné, je me suis retournée pour le voir agenouillé, sous sa capuche bleue, scrutant les vagues à travers ses jumelles. « Des plongeons huards – avec leur plumage d'été ! » Il reconnaissait les oiseaux grâce à une marque distinctive, une note flûtée, une attitude en vol. Me voyant émerveillée, il m'a assuré qu'identifier un oiseau était assez comparable au fait d'élaborer un poème ou tout autre écrit, à partir de notes comme celles que je m'arrêtais pour prendre dans mon cahier, accroupie à l'abri du vent. C'est lui qui a vu, dans une ornière remplie d'herbe, la petite poignée de duvet qui n'était autre qu'un bébé vanneau huppé dont les parents faisaient des cabrioles dans les airs ; lui qui nous a fait remarquer la manière dont les étourneaux se lançaient en masse dans le vent.

Nous cheminions entre des dunes fixées par des agrostis. L'île est si basse que nous étions en mesure de la découvrir dans son entier depuis le haut des dunes, soit quelque trois kilomètres de *machair*, de creux marécageux et de monticules de sable. À un moment, Martin m'a immobilisée au milieu d'un pas, et à un autre je lui ai rendu la politesse, pour la bonne raison que ce qui de loin avait paru être de simples cailloux se révélait, en approchant, être trois œufs vert olive, blottis dans du duvet de canard. Ils étaient couverts de fiente verdâtre, afin de décourager les maraudeurs. Plus d'une fois, nous avons broyé sous nos pieds des os de lapin, au milieu des herbes coupantes. Il y a eu aussi un agneau, nouveau-né, éventré par des buses. Mais comme chacun de nous s'arrêtait parfois pour vérifier quelque chose à l'aide de ses jumelles, ou retourner du bout du pied les objets que la mer avait apportés, nous avons fini par marcher chacun de son côté, mais tous contre le vent.

Sur les cartes marines de Donald, Ceann Iar ressemble plutôt à la peau d'un écorché qu'à une île au trésor bien ronde. On y trouve de vastes baies et des dunes, elle interrompt la mer au ras du sol. Ceann Iar signifie « pointe occidentale », et elle est reliée à marée basse à l'île qu'on appelle Stockay et, de ce fait, à sa jumelle du côté est, Ceann Ear. Avec Shilley et quelques rochers plus petits, ces îles composent le mini-archipel appelé les îles Monach. Il y avait jadis bon nombre d'habitants par ici, des *crofters* et des *cottears*[1], qui élevaient des vaches noires, et les îles étaient réputées pour leur fertilité, mais à présent, il ne reste plus personne. Je suis descendue avec précaution jusqu'à une baie exposée au sud, et j'ai suivi non sans peine la laisse de mer, où je ne risquais pas de piétiner des nids. Au milieu du sable pâle, là où les flots l'avaient abandonnée en se retirant, gisait une masse d'algues orange : d'épais rubans qui ressemblaient à des tagliatelles. Quelquefois, en marchant, je débusquais une volée d'oiseaux occupés à se nourrir, soit des bécasseaux variables, soit des tournepierres. J'adorais le moment où, après s'être

1. Dans la tradition agricole de l'Écosse, les *crofters* et les *cottears* (ou *cotters*) étaient des fermiers dont les exploitations étaient de taille très réduite.

élevés tous ensemble, ils viraient sur l'aile à l'unisson, comme quand on tire la ficelle d'un store vénitien.

Comment les imaginons-nous, nous qui n'y vivons pas, ces îles inhabitées des Hébrides ? Fouettées par les vents, dirions-nous peut-être ; isolées, toutes en cieux immenses et paysages marins, *machair* et minuscules fleurs jaunes. D'où je me tenais, sur la plage, un long doigt rocheux, sur lequel les vagues se brisaient, s'enfonçait dans la mer et servait aussi de perchoir aux phoques. La pluie, bien entendu, ne les gênait pas. On ne distinguait le phoque du rocher que par sa peau luisante et la forme de son corps. Il s'agissait de phoques gris, avec des nez romains. Ils se vautrent sur les rochers, sans se cambrer à chaque extrémité comme les phoques communs. « On dirait des bananes noires », avait dit la dame du *bed and breakfast* à Berneray, la veille de notre départ. Nous avions observé ces phoques par sa grande baie à double vitrage, une ouverture qui, en évinçant le vent, réduisait le monde extérieur à un spectacle : aucun bruit, aucun courant d'air, aucune odeur, douce ou salée. Le couple qui tenait le *bed and breakfast* était venu de l'Essex prendre sa retraite à Berneray. « On adore être ici », disaient-ils. Dieu sait que si j'y vivais, me disais-je, en avançant péniblement le long du rivage, j'aurais des doubles vitrages, moi aussi.

Un galet a attiré mon regard et je me suis penchée pour le ramasser. C'était une sphère parfaite de quartz blanc, qui s'est logée dans la paume de ma main. « Orbe » est le mot qui m'est venu à l'esprit. Je me suis dit que j'allais la garder, et à peine eus-je le temps de l'admirer et de la ranger dans mon sac, que tous les phoques se sont laissés choir de leurs rochers jusque dans l'eau. Deux douzaines de têtes, deux douzaines de paires d'yeux sombres me contemplaient, moi, la silhouette humaine, sur ce vaste rivage. Puis, obéissant à une brusque lubie, ils ont tous plongé, ne laissant que des remous, comme si on venait de jeter une poignée de cailloux dans une mare.

En marchant ainsi sous la pluie, la tête baissée contre les gouttes et les rafales, je n'ai pas vu la baleine avant d'être à sa hauteur. Elle ne m'a pas fait sursauter – elle était trop grosse et trop morte pour surprendre. Mon corps était encore habité par le balancement du yacht, ce qui donne un peu l'impression d'être en état de choc, ou d'être ivre, mais néanmoins capable de penser. Mon esprit a donc continué de se balancer, tout en annonçant : Tiens, c'est une baleine. Une petite baleine. Je me trouvais à côté de la tête, laquelle m'arrivait aux genoux. J'ai levé les yeux vers les dunes, parcouru du regard toute la longueur de la vaste courbe que décrivait la plage et, si l'un des deux autres avait été en vue, je l'aurais hélé, mais il n'y avait personne.

Elle devait être sur le rivage depuis un mois ou deux, cette baleine, parce qu'elle était à demi enfouie sous une couverture d'algues orange. Elle avait à moitié sombré dans un lit de sable et d'algues, ou alors peut-être en émergeait-elle à moitié. La carcasse a été roulée par l'avancée d'une vague et j'ai vu un orifice sombre, comme une grotte, dans sa tête en décomposition, peut-être une orbite. C'était la plus lourde créature que j'avais vue, morte et soustraite à la flottabilité de la mer, un fiasco colossal. J'ai eu envie de la toucher, du bout d'un doigt, furtivement, comme un goéland picore du bout du bec, et je regrette de ne pas l'avoir fait, à présent, parce que je n'avais jamais touché de baleine et que je n'en aurai sans doute plus jamais l'occasion. J'aurais dû toucher cette peau, parce qu'on aurait presque dit du similicuir noir. Le plus énorme canapé en similicuir que l'on puisse imaginer, échoué sur un rivage vide. Il n'y avait aucune puanteur, ou alors elle se perdait dans le vent et la pluie. Mais le sable, tout autour de la baleine, portait la trace de légers triangles, les pieds palmés de goélands argentés. Il n'y avait pas de sang, là où ces oiseaux étaient parvenus à percer la peau, mais la chair avait la texture écumeuse d'un bois vermoulu. Un peu parce que je ne savais pas trop comment me comporter – il me semblait qu'un geste était de rigueur, mais je n'imaginais pas lequel – j'ai arpenté lentement la dépouille. Pas loin de neuf mètres, peut-être une baleine de Minke. Tandis que la pluie ruisselait sur moi et sur la baleine, et que les vagues rugissaient, je suis restée à me demander si elle s'était échouée et avait fini par mourir là, ou si son cadavre avait été poussé à terre par la tempête.

Un cri, une main qui s'agitait, une silhouette maigre en ciré bleu et vert. Martin me saluait du haut d'une dune, à quelques centaines de mètres. « Regarde, a-t-il dit, j'ai trouvé un avion – un morceau d'avion. » Il avait l'accent autrichien, mais son anglais était presque parfait, drôle, idiomatique. « Viens voir. »

Ensemble, nous sommes descendus dans un creux entre deux dunes, et je l'ai vu se pencher sur un morceau de métal profilé ; son grand dos était tout humide. Le côté de son capuchon me cachait sa figure, mais il m'a lancé : « Tu vois – les ailerons marchent encore ! » Malmené par le vent, je ne voyais pas très bien ce qu'il faisait, mais il m'a semblé qu'il tirait sur un fil de fer qui sortait du sable et qu'un petit volet de métal montait et descendait docilement. Puis il s'est redressé et il a agité les bras.

« Tout ce plastique, non, mais tu te rends compte – tous ces flotteurs, ces bouteilles. Tous ces cordages en plastique ! »

Les espaces entre les dunes étaient bourrés jusqu'à la gueule de plastique, enfoncé là par le vent et les vagues. Et quand il parvenait à franchir le rempart des dunes, il était éparpillé sur les parties plates de l'île. Il y avait des centaines de flotteurs, arrachés à leur casier. Les mêmes tempêtes qui catapultaient des rochers à deux cents mètres à l'intérieur des terres avaient disséminé des flotteurs, des bouteilles et des caisses en plastique. Parmi les dunes et les agrostis, à l'entrée des terriers de lapin, pris au piège dans chaque crique, c'était tout un fatras de cordages et de bouteilles en plastique, de chaussures et de bombes aérosol. Martin était occupé à tirer d'un tas d'algues un objet rouge en piteux état. « Ça se dit comment, en anglais ? m'a-t-il demandé.

– Un bollard, dis-je. Un cône de signalisation. Il y a d'autres bouts de cet avion ?

– Je n'en ai pas trouvé, non. Mais je voudrais voir ta baleine ! »

Ils avaient leur propre pouvoir d'attraction, les emballages de shampooing et de lait, les flacons de nettoyant pour les toilettes, que nous pouvions retourner du bout du pied. Les couleurs étaient passées et les étiquettes avaient disparu depuis longtemps, mais nous connaissions leurs formes, nous les avions vus alignés dans les supermarchés et les quincailleries. Brosses, ruban adhésif, chaussures de sport, filets en polypropylène orange : quelques semaines plus tard, dans un café ensoleillé d'Édimbourg, Donald m'a expliqué les courants marins, en agitant ses énormes mains au-dessus de la table, comme si sa tasse représentait l'île. Ce rivage avait droit à tout. Le long de la laisse de mer de chaque petite anse, là où les bécasseaux variables cherchaient leur nourriture et où les fulmars se reposaient, on trouvait des vertèbres de phoque et des os de baleine, des bois flottés et des saloperies en plastique. Je me demande à présent si nous n'aurions pas dû nous inquiéter davantage de l'avion. Un appareil s'était écrasé là, à un moment quelconque, et nous nous en fichions. Rien d'étonnant, à un endroit où les vents et les courants étaient assez forts pour écorcher les baleines et pour éparpiller leurs os à travers le *machair*. Ici, sous la pluie, avec le cétacé en train de pourrir et les oiseaux qui tournoyaient, les plastiques flottés et les cordages turquoise, les peaux de phoque, les bois flottés et les crânes de lapin, un avion écrasé ne paraissait pas déplacé. Si une baleine y laissait sa peau, pourquoi pas un avion ? Si un agneau finissait là, pourquoi pas une chaussure de sport ? Ici, un de ces canards jaunes qu'un bébé a dans son bain, et là, la tête tranchée d'une poupée. Elle portait encore quelques touffes de cheveux et si on l'inclinait, elle ouvrait des yeux effarés.

Nous étions trempés, le vent fraîchissait et nous en avions soupé de Ceann Iar. Elle était mortelle, cette île, et il était presque l'heure de voir revenir Donald dans son annexe pour nous ramener jusqu'au yacht.

Nous avons trouvé une des portières de l'avion au nord de l'île. Rien que la portière, isolée au moyen de dix centimètres de mousse jaunâtre. De la graisse de baleine, en quelque sorte. Près de la portière, Martin a découvert une omoplate de baleine, un triangle d'os plat aux extrémités arrondies, et lorsqu'il l'a posé sur sa tête, dans un geste triomphal, il m'a fait l'effet d'un de ces moines tibétains qui ont une crête jaune sur leur chapeau. Je me suis laissée glisser en bas d'une dune pour récupérer une vertèbre de baleine dans une touffe d'herbe. Le trou par où passe le nerf abritait quelques pensées de mer jaunes.

Voilà donc ce que nous avons décidé d'emporter de Ceann Iar : une omoplate de baleine blanchie, plutôt que la portière d'un avion ; un orbe de quartz, plutôt qu'une tête de poupée. Quant à Tim, il avait ramassé un canard en plastique de soixante centimètres qu'il tenait sous le bras. C'est ainsi que nous avons regagné les enclos à moutons, avec la pluie dans le dos. La fine silhouette du phare nous servait de panneau de signalisation. À une époque reculée, il y avait dans ces îles un monastère, à la place du phare ; et aussi un couvent. Aux yeux des phoques qui nous regardaient de la mer, nous devions avoir l'air de rois mages au rabais plutôt que de moines, cheminant l'un derrière l'autre, portant chacun nos étranges fardeaux.

***

L'intérieur du yacht était lambrissé, sombre et surpeuplé, comme un salon de l'époque victorienne. On mangeait sur une table rabattable, au-dessus de laquelle une lampe en laiton, pourtant maintenue par un élastique, se balançait dès que le bateau roulait. Le baromètre glissait le long du mur. Nous avons passé le reste de l'après-midi assis sur des bancs étroits, autour de la table, ou bien blottis sous la capote du roof, pour lire et regarder la mer. Dans une petite poche, au-dessus de la table à cartes, à côté des manuels de pilotage et de premiers soins, il y avait un ancien numéro de la revue *Hebridean Naturalist*. J'ai appris, en le lisant, qu'en Nouvelle-Zélande, une plage est déjà équipée de sable en plastique – à raison de cent mille grains au mètre carré. L'auteur de l'article avait découvert, sur une plage de Lewis, une des Hébrides extérieures, une loutre ligotée par du ruban adhésif. À l'en croire, l'objet le plus incongru qu'il avait trouvé sur un rivage était la tête coupée d'un âne.

Dans son délicieux ouvrage sur ces îles, Alasdair Alpin MacGregor explique que les autochtones utilisaient l'agrostis des dunes, cette herbe qui justement avait capturé les bouteilles en plastique et le filet en polypropylène, pour en faire des paillassons, des cordes, des colliers pour les chevaux, de lourds paniers et des sacs. « Les sacs en agrostis d'Heiskeir étaient tressés si serré que ceux qui les fabriquaient assuraient qu'ils étaient pour ainsi dire à l'épreuve de la pluie et des embruns. » Il appelait les objets récupérés dans la laisse de mer des « dépouilles marines », mais à son époque, il s'agissait de bois flotté que les *crofters* convoitaient et s'empressaient de ramasser.

Nous lisions, nous dessinions ou nous tripotions des rubans et du matériel d'enregistrement. Donald m'a fait voir comment fonctionnait l'équipement du bateau, le pilote automatique et le système GPS. Deux petits écrans d'ordinateur étaient orientés au-dessus de la table à cartes, mais les cartes proprement dites, celles qu'il préférait utiliser, dataient de l'époque victorienne. Il avait dû se rendre spécialement à la Bibliothèque nationale d'Édimbourg pour obtenir des copies de ces cartes anciennes. Pour les mettre au point, m'a-t-il expliqué, il fallait envoyer un canot à bord duquel deux hommes ramaient – « tu noteras que j'ai bien dit "ramaient" » – de long en large en ligne droite en haute mer. Ayant couvert une encablure, c'est-à-dire un dixième de mille marin, ils faisaient descendre un plomb au bout d'une ligne, pour établir à la fois la profondeur en brasses et ce qui composait le fond marin, sable, gravier ou roche. Tout cela était noté sur la carte, d'une écriture méticuleuse et précise. La mer était une grille serrée de relevés, la terre était nue. À l'aide d'une loupe, nous avons trouvé la minuscule ancre qui indiquait l'endroit où nous nous trouvions.

À mesure que l'après-midi s'écoulait, le vent n'a cessé de gravir l'échelle de Beaufort. À intervalles réguliers, la radio crépitait et, sur un ton suave et courtois, le garde-côte de Stornoway lançait une alerte, « À toutes les stations, à toutes les stations », avant d'émettre un nouvel avis de grand frais. Force 7 fraîchissant à 8. « Bientôt », disait-elle, ou bien « Imminent ». Vers les dix-sept heures, nous avions atteint l'avis de coup de vent, force 9, virant sud-est. Nos geignements et nos rires se succédaient. Donald a pris son crâne chauve à deux mains. Bientôt, de manière imminente, le vent, qui gémissait déjà à travers le gréement, a élevé le ton. Les deux ingénieurs du son ont souri et tendu la main vers leurs magnétophones. Tout à coup, une alarme s'est mise à biper au-dessus de la table à cartes. « Nous chassons sur l'ancre, a dit Donald. Avec un vent comme celui-là, je connais un meilleur mouillage, de l'autre côté de l'île. Dès que nous aurons mangé, nous irons. »

Nous avons manœuvré avec précaution pour introduire le yacht dans une baie où une plage de sable pâle était adossée à des dunes. Le sondeur n'indiquait que sept pieds de profondeur, soit guère plus de deux mètres ; penchés par-dessus le bastingage, nous distinguions le sable, d'un vert spectral au fond de l'eau. « Quelle profondeur ? » hurlait Donald depuis la barre à roue. Il paraissait préférer notre jugement humain au sondeur. « Et maintenant ? » Avec circonspection, nous avons avancé vers le rivage, le réconfort de la terre ferme.

L'endroit avait été habité jadis. Une unique maison abandonnée se dressait tout à fait à l'ouest de la baie. Elle n'avait plus de toit et ses pignons jumeaux s'élevaient contre le ciel gris, dans un geste de reddition. L'édifice attirait le regard, comme le phare un peu plus tôt. Peut-être est-ce par une espèce d'instinct que nous sommes attirés vers les habitations humaines et incapables de résister aux ruines, exactement comme les bébés réagissent au dessin d'un visage, si nul soit-il. Ils sont bien rares dans l'histoire humaine, les endroits d'où notre race s'est retirée. Ces lieux jadis habités font une musique bien différente de ceux qui ne l'ont jamais été ; ils laissent entrevoir le passé révolu, le paradis perdu et non pas l'utopie à venir. Sous la capote de roof, nous étions à l'abri du vent et pouvions donc rester assis, tandis que le bateau tournait, écoutant le vent. Nous n'étions qu'à deux cents mètres du rivage. « Vous voyez ? On n'est qu'à deux cents mètres et ça roule drôlement. Vous imaginez un peu comment c'est en haute mer ? a insisté Donald, comme si nous refusions de le croire. Mais c'est un rivage qui est au vent, vous vous en rendez compte, j'espère ? Ce n'est pas idéal, mais le bulletin prévoit que le vent va virer au sud, et alors ça ira. » Jusque-là, cependant, si l'ancre chassait ou si la chaîne se rompait, nous serions drossés à la côte. « Pour un marin, la terre n'est pas synonyme de sécurité. La terre est un danger. Ce qu'on veut, c'est être entraîné vers la haute mer. »

Toute la nuit, le vent a hurlé dans le gréement, mais je n'ai eu aucun mal à dormir, bercée par le roulis du bateau. Au matin, alors que le yacht était encore tendu sur son ancre, dans le vent, Donald a annoncé que nous ne bougerions pas. Les lampes se balançaient, le baromètre glissait d'un côté à l'autre contre le mur. Il valait mieux monter dans le cockpit, pour regarder la mer grise mouchetée par le vent et les oiseaux. Un cormoran huppé a jailli hors de l'eau. En véritables vedettes, des fous de Bassan tantôt viraient très bas au-dessus de la surface, tantôt prenaient de l'altitude pour plonger, après avoir fermé leurs immenses ailes bordées de noir contre le ciel gris. Selon l'éclairage, on ne distinguait plus que le bord des ailes ; à d'autres moments, on voyait l'éclair du dos qui plongeait et une giclée d'eau. Deux ou trois fois, nous avons été témoins d'attaques de grand labbe, une forme sombre qui fondait parmi les sternes dans une torsion, puis repartait par-dessus les dunes. Vers le milieu de la matinée, le ciel a commencé à se dégager, les couleurs se sont révélées : le ciel et la mer étaient bleus. Les îles étaient des dunes vertes, encerclées d'un sable couleur de crème extrêmement pâle. Et pourtant, les avis de mauvais temps continuaient de se succéder, puis la radio nous a fait entendre une autre femme, parlant cette fois depuis la base militaire de Benbecula. De sa voix mélodieuse, elle a averti les embarcations : on ferait des essais de missiles à une certaine heure.

« Nous sommes hors de portée », a déclaré Donald, ce qui ne l'a pas empêché d'appuyer sur un bouton et de faire savoir à la base que nous étions à l'ancre à tel endroit. La voix de femme, portée par un sifflement, nous a confirmé courtoisement que nous étions en effet hors de portée et, par ailleurs, le vent était si violent qu'ils avaient d'eux-mêmes renoncé à faire des essais.

« Des missiles ? Alors, c'est sans doute ça que j'ai trouvé, dit Martin.

– Où ça ? a aboyé Donald.

– Sur l'île, un grand tube de métal, long comme ça à peu près… »

Les derniers *crofters* avaient quitté Ceann Ear, la plus grande île, dans les années 1940. Certaines maisons sont encore debout à l'est de l'île, dominant la mer jusqu'aux collines peu élevées de North Uist. Il y a une école, ainsi que les murs de quelques vieilles *blackhouses*[1] en ruine, où poussent des orties et des potentilles ansérines. Des fulmars font leurs nids dans les coins, à présent, et il y a

1. Anciennes et sommaires habitations traditionnelles de ces régions, en pierre sèche, à toit de chaume, où cohabitaient les fermiers et leurs animaux.

aussi des nids de bruyants étourneaux dans les anfractuosités de la pierre sèche. Nous étions de nouveau descendus à terre, cette fois à Ceann Ear, mais si le vent soufflait encore avec violence, il ne pleuvait plus et le monde paraissait de nouveau habitable. Le rugissement étouffé du ressac restait constant à nos oreilles. Cette île-là avait l'air d'un endroit où l'on pouvait vivre, en comparaison de celle d'hier, ce qui ne nous a pas empêchés de faire miroiter une barre chocolatée à celui d'entre nous qui découvrirait la première carcasse. En haut de la plage, au sommet de la rampe de galets polis par la mer, gisait un casier à homards échoué, à côté duquel se trouvait un bébé phoque gris, au pelage marbré, qui a renversé la tête en émettant une espèce de roucoulement. À un pas de là, une cane eider était solidement posée sur son nid, entre les pierres. Elle se tenait face au vent, son dos se soulevait doucement à chaque inspiration, son plumage était parcouru de reflets du même ton que tout ce qui l'entourait, pierres, lichens et herbes mordorées.

Encore une fois, nous nous sommes dispersés et nous n'avons pas tardé à nous perdre de vue. Cette île était marécageuse au centre et des huîtriers passaient au-dessus de nos têtes en sifflant; près des maisons abandonnées s'étendait un loch d'eau douce avec un couple de cygnes. J'avais lu que les seules créatures d'eau douce sur cette île, avec la possible exception de quelques épinoches, étaient des anguilles, venues carrément de la mer des Sargasses. J'ai scruté l'eau des étroits ruisseaux, en sautant par-dessus, mais je n'en ai pas vu. La barre chocolatée a été pour Tim, que j'ai découvert en train d'essayer de rompre la patte d'un goéland argenté qui s'était fracassé contre une dune. L'oiseau était bagué et Tim voulait récupérer la bague pour la faire parvenir au British Museum à Londres. Je lui ai proposé mon couteau suisse, en disant : « On peut trancher la tête d'un fou de Bassan avec ce couteau. » Plus tard, je l'ai aperçu au loin, au-dessous d'une colonie de sternes qui s'entrecroisaient, brandissant un micro, telle une statue de la Liberté au seuil d'un nouveau monde.

Allongée à plat dos, du côté terre d'un haut remblai de galets, j'ai contemplé ces mêmes sternes qui piaulaient et tournaient les unes autour des autres, tout en me regardant, au-dessous d'elles. Quelles créatures ravissantes et féeriques. Il devait y avoir des nids entre les pierres, mais j'avais beau écarquiller les yeux, je ne les voyais pas. Au-delà des oiseaux qui virevoltaient, le ciel gris virait au bleu. À l'abri du vent, au soleil, il faisait presque doux. Devant moi, dans un creux du terrain, se trouvait un petit loch au bord duquel les iris des marais n'allaient pas tarder à fleurir. Une cuvette en plastique blanc était prise au piège au milieu de leurs tiges.

Les îles sont des espèces de *middens* du XXIe siècle, des décharges où se bousculent les bombes aérosol et les bouteilles en plastique, et j'étais en train de réfléchir à ce qui nous avait paru assez précieux pour vouloir le garder. Les choses que nous avions choisi de prendre – l'orbe de quartz, les os de baleine – n'étaient pas, me semblait-il, celles qui ne se dégradaient pas, mais celles qui avaient été transformées par la mort ou les intempéries. Certes, nous conservons ce qui est utile – Donald accordait une valeur durable à ses cartes de l'époque victorienne. « De nos jours, plus personne ne serait prêt à travailler aussi dur pour accomplir cette tâche », assurait-il. George Mackay Brown a écrit un jour : « Le passé est comme un grand navire qui a été drossé à la côte, l'archiviste et l'écrivain doivent récupérer la plus grande partie possible de sa riche cargaison, dispersée un peu partout. » Mais nous faisons pourtant les difficiles et je me demandais s'il était encore possible de donner de la valeur à ce qui dure, si la durabilité est encore une vertu, maintenant que nous avons inventé le plastique, maintenant que la tête de poupée, avec ses touffes de cheveux et ses yeux qui s'ouvrent et se ferment, a des chances de persister après que nos têtes à nous auront été nettoyées jusqu'à l'os.

Tandis que je ruminais toutes ces pensées oisives, allongée sur les galets, j'ai vu apparaître un quad qui est passé en rugissant sur le *machair*, à deux cents mètres de moi, avant de franchir une dune et de disparaître.

Le visage du berger était maigre, mal rasé et buriné, creusé de rides verticales, comme du vieux chêne bien patiné. L'homme portait un bleu de travail. Sous le béret noir, ses yeux aussi étaient bleus. Nous nous sommes retrouvés à la limite d'une plage. Il m'a dit que cela faisait dix-sept jours qu'il était sur cette île, tout seul, et qu'il allait bientôt repartir. Il était venu chercher du bois flotté pour son feu et il avait chargé sur la remorque que traînait son quad un fût de bois vermoulu – ou plutôt un tiers de fût, parce qu'il avait été obligé de le scier en morceaux pour pouvoir l'emporter. J'ai deviné qu'il logeait dans l'ancienne école, puisque c'était la seule des habitations de l'île encore pourvue d'un toit et que dans une fosse, juste à côté, des boîtes de conserve étaient à demi enfouies. J'ai questionné le berger au sujet du nombre ahurissant de marqueurs et de flotteurs de casier éparpillés à travers ces îles et il m'a répondu, dans cet anglais méticuleux qu'utilisent les Gaëls :

« Ils n'ont aucune valeur. J'ai dit aux pêcheurs qu'il y en avait des tas par ici, mais ils me répondent qu'ils ne valent rien. S'ils valaient quelque chose, a-t-il ajouté en riant, ils ne seraient plus là. »

***

C'est Martin qui m'a donné le crâne d'un fou de Bassan. Je l'ai ici, dans mon bureau, tout en haut de la maison, sur la table que mon mari a fabriquée à partir du pilotis de jetée qu'il avait dû couper en trois et qu'il avait rapporté à la maison sans le secours d'un quad.

Nous avions quitté les dunes basses des îles Monach, jonchées d'ossements et balayées par les tempêtes, pour gagner l'île de Scarp, et nous étions installés dans le cockpit du yacht, par une soirée silencieuse et calme, au mouillage entre deux hautes îles de falaises et de pierre.

Il était environ dix heures du soir, mais il faisait encore jour et une énorme lune, aux trois quarts pleine, s'était levée au-dessus de l'île. Elle était si brillante que nous parvenions à distinguer tous ses cratères à l'aide de nos jumelles. Un unique troglodyte chantait du haut de la falaise. Des primevères se cramponnaient à la terre humide, à côté d'une chute d'eau qui se déversait dans la mer. À cet endroit, l'eau du mouillage était si immobile, d'un vert émeraude si vif que lorsqu'une sterne arctique la survolait, son plumage absorbait la couleur de l'eau et elle se transformait en oiseau vert. La première fois que j'ai été témoin de ce phénomène, j'ai failli crier à Tim de venir voir, croyant avoir affaire à un oiseau exotique d'Amazonie. Sur la plage voisine, il n'y avait rien d'autre que du sable jaune, quelques coquillages et des traces de loutre.

Martin avait trouvé les os sur Ceann Iar, mais il a préféré attendre ce moment pour les sortir, d'un air faussement cérémonieux, de la poche intérieure de sa veste. Je dis faussement cérémonieux parce que – sous les rires des deux autres – nous venions tout juste de regarder une sterne arctique mâle apporter à sa prétendue, posée sur un rocher, l'air dédaigneux, des offrandes de nourriture. Avec des gestes de magicien, Martin a d'abord sorti un os de patte, puis un autre, puis un minuscule objet blanc et complexe qui, si on le tenait d'une certaine façon, avait précisément la même forme que les orchidées violettes que nous avions trouvées sur la colline l'après-midi même. Et enfin, il m'a tendu le crâne. En réalité, ce n'était pas un crâne entier, mais la mandibule, parfaitement nettoyée. Je riais, moi aussi, mais je suis parvenue à le remercier avec le plus grand sérieux, et aussitôt, avant que les os ne puissent subir la moindre casse, j'ai fait un ossuaire de la boîte Tupperware dans laquelle j'entreposais mon tabac.

« Comment as-tu su que j'en voulais un ? lui ai-je demandé.

– C'est toi qui me l'as dit, a-t-il répondu. Sur Ceann Iar. »

***

Sur la table, qui avait été jadis un des pilotis d'une jetée, sont posés deux bâtons de bois très pâle, sinueux comme des anguilles, ou comme le premier homme et la première femme. Il y a la patte d'un fou de Bassan, son minuscule osselet en forme d'orchidée, et la vertèbre de baleine. Ils sont dans mon bureau. Tim avait fêté son anniversaire sur le yacht et je lui avais offert, en cadeau, l'orbe de quartz. Les morceaux d'avion, le cône de signalisation et la baleine sont sans doute toujours sur le rivage des îles Monach. Le couteau suisse, celui dont je m'étais servie pour couper la tête du fou de Bassan d'origine, est actuellement dans mon sac à main. Je l'avais trouvé – l'ai-je dit ? – un jour de printemps, sur une plage du comté de Fife. Le bec du fou se trouve ici même, à côté de moi. En le présentant à la lumière de ma fenêtre, je viens de remarquer un tout petit morceau de plume adhérant encore à l'os. Je regrette maintenant de ne pas avoir aussi rapporté la tête de poupée. Je l'aurais posée sur un des coins de mon bureau comme un presse-papiers, avec ses mèches folles et ses yeux bleus comme la mer, qui s'ouvrent et se ferment.

Les saumons de Braan

Ce que l'on remarque, en pénétrant dans le petit pavillon, c'est le rugissement des chutes d'eau. Il est beaucoup plus fort à l'intérieur qu'à l'extérieur. Le pavillon, qu'on appelle Ossian's Hall, la salle d'Ossian, est bâti sur un escarpement rocheux qui s'allonge au-dessus des chutes. Cet endroit élégant et humide ouvre sur un balcon en demi-lune, sur lequel on peut se tenir afin d'admirer le spectacle, tandis que la vapeur d'eau s'élève pour vous humecter le visage. À ce qu'il semble, à sa grande époque, il y a peu ou prou deux siècles, les murs étaient tapissés de miroirs reflétant les chutes, afin que le duc d'Atholl et ses invités fussent en mesure de savourer le bruit sublime de la rivière et l'eau écumeuse, teintée de tourbe, cascadant tout autour d'eux. Une petite installation d'art environnemental, à la sauce romantique.

La Braan, une rivière des Highlands, est rapide, son lit court et rocheux. Sur ses rives poussent de grands arbres, pins de Douglas et hêtres. Directement sous le balcon, la rivière s'abat entre des contreforts rocheux. La chute n'est pas énorme, pas plus de six à sept mètres au total – c'est difficile à juger d'en haut. Mais le jour de ma visite, l'eau tombait dans un bruit de tonnerre, avec une force inouïe. Les saumons doivent bondir contre ce déferlement. Pas besoin d'attendre longtemps, penchée sur la rambarde du balcon, avant de voir l'un d'eux jaillir hors de l'écume, fendant l'air inutile, mais pour retomber en arrière. Longs comme un bras d'homme, ou de femme, ils recommencent, deux, trois, quatre à la fois, mais sont toujours repoussés. Un grand moment, ils restent suspendus dans les airs, comme des danseurs. On disait de Nijinski que lorsqu'il sautait, il donnait l'impression de s'arrêter en l'air, et c'est exactement ce que font ces poissons : ils bondissent, s'immobilisent hors de l'eau, ventres roses et dos verts mouchetés, puis ils retombent et disparaissent avec une pirouette dans l'écume, tandis que la rivière dévale les chutes et que la vapeur d'eau vous mouille la figure. De ce balcon, de ce point de vue, nous pouvons nous sentir aussi émus ou aussi indifférents que des dieux. La plupart d'entre nous sont émus.

Un photographe est arrivé, portant un trépied. Nous avons dû nous pencher l'un vers l'autre pour distinguer ce que nous disions, mais il m'a expliqué qu'il dirigeait un stage de photographie qui durait une semaine et, en effet, sortant d'entre les arbres, au bord de la rivière, une demi-douzaine de photographes en bonnet de laine, armés de trépieds, sont apparus sans faire de bruit. Au-dessous de nous, les saumons continuaient de bondir et de retomber. Tout en manipulant son trépied pour le mettre en position, le photographe m'a dit : « C'est stupéfiant, hein ? Je me demande combien de fois ils recommencent avant d'être épuisés. Je veux bien croire que c'est vraiment la survie du plus apte, ça. Parce que ceux qui n'y arrivent pas, eh bien… Ho ! Vous avez vu celui-là ? »

***

« Ho ! » Voilà ce que nous disons quand un des saumons bondit. *Ho !* – une onomatopée à mi-chemin entre noblesse et héroïsme. J'ai demandé au photographe s'il était spécialisé dans la faune sauvage et il a répondu quelque chose que je n'ai pas réussi à comprendre. Avait-il prononcé le mot « *wildscapes*[1] » ? M'avait-il dit que l'hiver, il partait en Finlande faire des photos d'ours ?

Des feuilles de bouleau tombaient dans l'eau, en tournoyant. Les rochers au milieu de la rivière étaient caressés par leurs formes douces. Les feuilles pirouettaient, se posaient sur l'eau, puis elles étaient entraînées joyeusement, si joyeusement, par-dessus la chute, et disparaissaient. Il y avait une accalmie, et puis *Ho !* un poisson bondissait.

1. Ce mot récent a été inventé pour désigner un paysage revenu à l'état de nature ou sauvage.

Une fois qu'elle a fait la culbute, l'eau s'engouffre dans ce qu'on appelle en Écosse un *linn*, c'est-à-dire une gorge, et elle avance à vive allure jusqu'au moment où elle débouche dans un large bassin. De la vapeur d'eau tourbillonne à la surface. Il doit y avoir des poissons là-dedans, acculés, tâtant l'eau, attendant de pouvoir s'avancer jusqu'au premier rang. En route pour l'Ossian's Hall, j'étais passée devant un malheureux gamin, armé d'une canne à pêche, qu'interrogeaient deux hommes bougons en vestes Barbour. L'un des deux avait un carnet. Le garçon se tenait, incertain, entre les deux *bailiffs*[1].

J'ai lu quelque part qu'avant l'invention de la bicyclette, le saumon était la machine la plus efficace de la planète, en ce qui concerne le rapport poids/masse corporelle. Mon vélo était appuyé contre un arbre, juste à côté du petit pavillon. Le photographe m'a demandé :

« Vous faites votre périple habituel, alors ? On se sort les tripes sur son vélo et puis on vient ici se ressourcer l'âme ?

– Il y a de ça », ai-je répondu.

Dès qu'on s'éloignait un peu de la rivière, un agréable silence s'abattait. Des tarins des aulnes s'activaient dans les branchages. Je suis remontée vers l'amont sur une courte distance, sous le couvert des arbres, franchissant

1. Les *water bailiffs* ne font pas partie de la police, mais sont autorisés à intervenir et à verbaliser en cas d'infraction aux règlements concernant les eaux.

quelques pâtures cahoteuses, jusqu'au pont le plus proche, Rumbling Bridge, où j'ai appuyé ma bicyclette contre le parapet pour contempler la rivière. Il y avait chez les saumons quelque chose qui me turlupinait. Partout où je suis allée, ce jour-là, qu'il s'agisse de me promener à vélo, de ramasser les enfants à l'école, de regarder la télé ou d'aller me coucher, les saumons étaient toujours là, jaillissant hors de la rivière pour se lancer dans l'air empli de vapeur d'eau, mais pourtant vide. Qu'était-ce donc que nous admirions avec nos sempiternels *Ho!*? me suis-je demandé. Leur héroïsme apparent, leur esprit d'entreprise? Ce que nous nous complaisons à appeler le cran humain. On aurait dit que la nature était prête à risquer son projet Saumon tout entier sur quelques individus capables de bondir (« Ho ! ») et de s'entêter à bondir, jusqu'à ce qu'ils soient enfin parvenus, on ne sait trop comment, à remonter les chutes pour regagner leur aire de ponte.

J'ai traversé le pont, puis je suis retournée vers l'aval et l'Ossian's Hall – qui n'était pas bien loin. Se ressourcer l'âme. J'ai repris mon poste sur le balcon humide, la rivière tintant à mes oreilles. Le photographe et ses élèves étaient partis, mais d'autres personnes sont arrivées. D'abord, un homme extrêmement rougeaud à cravate bleue. Il est sorti regarder la rivière au-dessous de lui, sans paraître remarquer les saumons qui bondissaient. D'autres, en revanche, étaient venus exprès pour ça. Deux dames aux voix douces, en chaussures de randonnée et jupes épaisses, sont entrées et l'une m'a demandé : « Ça fait longtemps que vous êtes là ? Vous en avez vu ? On nous a dit qu'ils étaient dans les parages. Oh ! Regardez-moi ça ! Vous avez vu celui-là ? Oh, le pauvre, quel dommage... »

C'était quelque chose que le photographe avait dit qui me trottait dans la tête. Un stage photo d'une semaine. Et ses étudiants qui rôdaient parmi les arbres, vaguement grotesques avec leurs bonnets de laine et leurs trépieds. J'avais failli lui demander en quoi consistait un stage photo d'une semaine, mais la rivière faisait trop de bruit et je subodorais que j'avais déjà la réponse – ce serait très semblable aux cours de création littéraire que je donne moi-même. Ses cours à lui devaient regorger d'objectifs et de composition, de f-stops et de posemètres. La nature à l'état sauvage. Comment prendre une meilleure photo du monde naturel. Comment maîtriser tout le côté technique, tout en réussissant une photo qui ait l'air nouvelle, spontanée et même presque fortuite. Comment utiliser toutes ces données techniques, justement, pour que le résultat ait l'air naturel et libéré de toute technique.

Je me suis penchée par-dessus la rambarde, avec les deux dames en tweed, et je me suis mise à contempler d'un œil différent les poissons inexpressifs. Je cherchais à repérer la technique. Sur les six premiers qui ont bondi et sont restés suspendus dans les airs, cinq paraissaient viser une volute d'eau particulièrement épaisse. En outre, on aurait dit qu'ils cherchaient à en atteindre le fond, ou peut-être étaient-ils propulsés si loin par leur seule force.

Quand les dames aux voix douces se sont éloignées, un groupe d'hommes d'un certain âge les a remplacées, arrivant, à ce qu'ils m'ont dit, de Kirkcaldy. Une petite équipe de copains à la retraite, qui sortaient randonner ensemble tous les vendredis. Ils avaient des bâtons de marche et des sacs à dos ; et aussi, sans aucun doute, des enfants et des petits-enfants. Nous nous sommes penchés tous ensemble au-dessus de l'eau. « Ho ! » et encore « Ho ! », nous sommes-nous exclamés à chaque bond des saumons.

Un des hommes a remarqué. « Ils doivent se lancer des profondeurs.

– Pour avoir assez d'élan vertical ?

– Ouais…

– Ou alors de là-bas, dans le fond, pour se donner de la vitesse…

– On dirait qu'ils visent cette partie de l'eau, là où c'est le plus épais.

– Il y a moins d'air. Peut-être qu'ils ont besoin d'avoir une certaine quantité d'eau quand même, pour pouvoir donner un tout petit coup de queue, et puis hop…

***

Pendant un moment, il n'y a plus rien eu que la ruée de l'eau, puis quatre saumons, l'un après l'autre, se sont tous lancés vers le haut, cherchant à fendre les chutes tout à fait à gauche, juste à côté de la paroi rocheuse. Encore une fois, ils ont été repoussés, l'un d'eux est tombé du rebord rocheux, les autres n'ont pas eu assez de vitesse ni d'élan. Ils sont restés brièvement suspendus dans les airs, mouchetés, le ventre rose, puis ils sont retombés plus bas.

Était-ce une affaire de technique ou de « Ho ! » pur et simple ? Combien de temps passaient-ils à traîner dans les eaux du fond, cherchant à deviner la route à suivre, la vitesse et le poids de l'eau ? Certains de ces « Ho ! » qui échouaient étaient-ils en réalité des sauts de reconnaissance ? « C'est de l'instinct », nous dit-on. Les organismes les plus efficaces de la planète pour le rapport puissance/masse corporelle. Et puis soudain, un gros a jailli tout entier hors de l'eau, visant le coin gauche et il est monté assez haut pour rentrer dans l'eau juste à l'endroit où elle se déversait par-dessus une petite saillie rocheuse. Nous n'avons pas bien vu, nous ne sommes pas parvenus à distinguer avec précision, mais on aurait bien dit qu'il avait réussi. Un petit coup de queue en plus, assez d'élan pour défier la pesanteur et la force de l'eau, un rebord caché pour se reposer un instant…

« Ho ! Là ! Y en a un qui est passé ! se sont écriés les vieux copains. Vous avez vu ? Je suis à peu près sûr qu'il a réussi… »

Alors, technique ou « Ho ! » ? Je veux bien croire qu'il faut les deux. La technique était cachée sous l'eau, mais sous nos yeux, on aurait bien dit que c'était un pur coup de « Ho ! ».

***

Dans le vestibule de notre voisin Robin Guthrie, il y a un saumon empaillé dans une vitrine. C'est lui qui l'a pris, l'année dernière, dans la rivière Earn, quinze kilos au bas mot. Dieu sait qu'il a eu du mal à hisser un bestiau d'un poids pareil sur la rive boueuse, mais, comme il dit : « Le plus intéressant, c'est quand il a fallu le rapporter à travers champs. » La première fois qu'il nous a montré le saumon, à mon mari et à moi-même, celui-ci était dans le grand congélateur, à la cave ; Robin nous a donné un morceau de sa chair, qu'il avait fumée pendant les vacances de Noël. Elle avait la couleur sombre et opaque de la topaze ou du quartz fumé des monts Cairngorms. Désormais, le poisson est accroché, immuable, dans sa vitrine, au-dessus de quelques rochers en polystyrène peints en noir. Sa gueule est ouverte, laissant voir des dents étroites et pointues. Robin et sa femme ont été obligés de déplacer leur portemanteaux pour pouvoir accrocher le trophée de pêche. Quelquefois, lorsque Robin vient garder nos enfants, le soir, il apporte sa boîte de mouches et passe la soirée devant la télé, avec une bière, occupé à attacher des Bibio, des Silver Wilkinson et des Blue Charm : des petits objets dont le but est d'imiter un insecte qui se noie, ou une larve remontant à travers l'eau immobile, juste après l'éclosion.

Nos maisons donnent sur le *firth* du Tay. Tous les saumons des rivières en amont du Tay et de l'Earn, le Tilt, le Garry et la Braan, sont forcément passés par ici, se sont glissés devant nos fenêtres, si l'on peut dire. Jusqu'à une date assez récente, la pêche au saumon était une industrie locale. On utilisait de lourds bateaux à rames, appelés *cobles*, pour tirer des filets en travers des rivières. Désormais, ces bateaux ne sortent plus qu'à l'occasion d'une course annuelle, au moment des jeux des Highlands, à la mi-juin.

Un soir, à la fin de l'été dernier, je regardais l'estuaire par la fenêtre de la cuisine de Robin, à travers une paire de jumelles qu'il avait trouvées. Il avait l'intention de les déposer aux objets trouvés, mais avant de le faire, il en profitait. C'étaient des jumelles extraordinaires. Il y en avait pour des centaines de livres sterling de matériel d'optique. Je les ai soupesées dans ma main, puis portées à mes yeux et j'ai contemplé le fleuve par la fenêtre. Je regardais à travers les jumelles, puis je les baissais et regardais avec mes propres yeux. Je les mettais de nouveau contre mon visage, et les baissais encore, j'observais tantôt avec les jumelles, tantôt sans.

« Tu as vu les hirondelles de rivage ? » ai-je demandé.

Robin a pris les jumelles, et c'était vrai – avec elles, on pouvait voir des milliers d'hirondelles planant au-dessus de l'eau dans la lumière du soir, des milliers d'oiseaux. Sans elles, on avait l'impression que le ciel était vide.

« Putain, elles sont géniales, ces jumelles.

– Ça donne envie de savoir ce qu'on rate d'autre, tu ne trouves pas ? »

Je me suis mise à parler à Robin des saumons de la Braan, lui expliquant que je les avais regardés s'efforcer de franchir les chutes, depuis l'Ossian Hall, à l'Hermitage.

« On se demande vraiment comment un seul d'entre eux y parvient, ai-je dit. Ils sont si... si héroïques. Tu crois qu'il y en a qui n'y arrivent jamais ? Et qu'est-ce qui se passe si le débit de l'eau est vraiment très fort et qu'aucun ne réussit ?

– Sur la Braan ? a dit Robin, laconique. Pas un ne passe.

– Quoi ?

– Pas un ne remonte au-delà des chutes. C'est fait exprès. Ce n'est pas une rivière à saumon naturelle. Il y a des frayères artificielles en amont. C'est pour ça qu'on les a installées sur la Braan, justement pour que les saumons qui sont nés dans ces frayères ne puissent pas retourner y pondre. »

Je l'ai dévisagé, bouche bée. « Tu veux dire que c'est une espèce de farce ?

– Même s'ils parvenaient à dépasser l'Hermitage, il est tout à fait impossible que des saumons parviennent à remonter les chutes du pont de Rumbling Bridge. Tu connais l'endroit. C'est de la chute libre, un abîme. Aucun animal ne pourrait remonter ça. »

J'ai reposé les jumelles sur la table de la cuisine.

« Mais alors qu'est-ce qu'on veut qu'ils fassent ? Qu'ils y laissent leur peau ?

– Mais non, ils finissent par renoncer. Ils pondent en aval. »

Donc, ce n'était pas la survie du plus apte, comme l'avait cru le photographe, mais la survie de ceux qui voulaient bien s'avouer vaincus et s'installer dans un petit coin pépère. Une modeste vie de banlieue. La sagesse du saumon.

« Je ne comprends pas, ai-je dit. Pourquoi ne faut-il pas qu'ils remontent ? C'est leur instinct, non ?

– Ces gens ne veulent pas que les saumons qui ont été élevés là de manière artificielle reviennent y pondre, parce que ça foutrait le bordel dans leurs études. Ils étudient les smolts, comment ils s'en sortent, comment ils se dispersent et survivent. S'ils revenaient une fois adultes et pondaient, on ne saurait plus qui est quoi. Qui est né dans les réservoirs et qui est né de manière naturelle.

– Ah bon, ai-je dit. Tu crois qu'il existe des jumelles tellement géniales qu'on pourrait même voir les insectes que chassent les hirondelles ? »

***

On dit que le jour viendra – peut-être même est-il déjà venu – où il n'y aura plus de faune sauvage. C'est-à-dire où il n'y aura plus sur notre planète une seule espèce capable de se reproduire sans se référer à notre bon vouloir ou négocier avec nous. Un jour où notre intervention ou notre restriction seront un facteur de leur droit de survie. Toutes les créatures : saumons, hirondelles de rivage, phoques, mouches. Est-ce que cela a une importance ?

J'avais écrit un texte sur le spectacle des saumons bondissants avant la révélation de Robin, mais ensuite j'ai mis ces pages de côté, parce que quelque chose avait changé dans mon attitude envers les poissons. Maintenant, je connaissais un secret, une chose que les saumons ne savaient pas, je savais qu'instinct ou technique, c'était du pareil au même, leurs efforts n'aboutiraient pas. Je songeais à ce petit public de passage, à tous les encouragements des spectateurs plantés sur le bacon ; le photographe et ses « *wildscapes* », les vieux copains de Kirkcaldy, et les dames discrètes qui demandaient : « Alors, ils sont là ? On nous a dit qu'ils y étaient. Nous sommes venues exprès. » Afin de se ressourcer l'âme. Pour rire. Ah, ah !

Pouvais-je « me ressourcer l'âme » en regardant les saumons chercher à franchir les chutes, alors que je savais parfaitement que c'était inutile ? Que pouvions-nous faire, nous autres membres de la communauté *ad hoc* et transitoire d'observateurs de saumons, chargés de ce nouveau savoir, sinon secouer la tête devant leurs vains efforts et nous éloigner ? Ou alors, remonter le cours de la Tilt, par exemple, et regarder les saumons bondir dans cette rivière-là, des poissons en tous points identiques, qui avaient survécu aux prédations des phoques et des pêcheurs et retrouvé le chemin de leur lieu de naissance, mais qui étaient bizarrement supérieurs, parce qu'ils étaient « naturels ».

***

Les saumons retrouvent le chemin de la rivière où ils sont nés grâce à leur odorat, nous dit-on. Cela paraît à la fois plausible et ridicule. Plausible, car on ne voit guère par quel autre moyen ils y parviendraient. Et ridicule, au même titre que la croyance selon laquelle les oies naissent des bernaches, ou les hérons croissent et décroissent avec la lune. Les saumons, qui se nourrissent au large de la côte méridionale du Groenland, à des profondeurs inimaginables et glacées, donnent un jour un tout petit coup de queue et se mettent à suivre l'odeur de leur lieu de naissance. Quelle peut être, dans notre imagination, l'odeur de la Braan ? L'odeur qui se distille forcément sur nos visages, à partir de la vapeur d'eau, lorsque nous nous tenons sur le petit balcon ? Ou plutôt, en quoi l'odeur de la Braan diffère-t-elle de celle de l'Earn, par exemple, ou du Tilt ? L'eau des chutes de la Braan doit sûrement sentir le gravier à base de schiste et de granit, la tourbe, et le poisson, l'aulne, les microbes et les feuilles pourries, la terre, le fumier de porc, la mousse et l'oxygène. Et le saumon peut suivre cette odeur comme un chien qui connaît le chemin de la maison quand il sort du pub.

***

L'hiver a laissé la place à un long printemps humide. Sous le saumon empaillé, dans le vestibule de Robin et de Caroline, sa femme, une poussette est apparue. Nous avons célébré la naissance de leur fille, puis, dans l'euphorie générale, une deuxième naissance : chez des amis qui avaient enduré plusieurs pénibles et infructueuses tentatives de FIV, jusqu'au jour où – Ho ! – un minuscule embryon s'était accroché et avait réussi à rester en place.

L'hiver s'en est donc allé et je n'ai plus pensé aux saumons jusqu'à aujourd'hui. C'était déjà la mi-avril, mais ce n'était que le premier jour assez chaud pour nous apporter sur le vent la promesse de l'été. À l'heure du déjeuner, j'ai fait un kilomètre et demi à bicyclette, descendant le long de la rivière et traversant les champs jusqu'au bord du *firth*, à l'endroit où se dresse un pavillon de pêche en ruine. Il fait face à l'estuaire et lorsque je suis arrivée, la mer était au plus bas, découvrant tous les bancs de sable en aval de ce point. Il y avait des bandes de couleur horizontales – des hauts-fonds boueux, un mince chenal plein d'eau, des roselières sur la rive opposée, une rangée d'arbres. Sur le premier banc de sable, six phoques étaient sortis de l'eau pour se prélasser, avec une jouissance de sybarites. L'un d'entre eux s'était laissé rouler sur le dos pour offrir son ventre moucheté au soleil. Ils étaient sous la surveillance de deux freux. Puis, derrière eux, formant une longue et mince rangée sur un banc de sable plus éloigné, il y avait des milliers d'oies aux pattes roses, qui faisaient la sieste. Avec mes jumelles, j'étais en mesure de parcourir une distance de huit cents mètres de sable découvert, tout le long desquels somnolaient des oies.

Un ULM vrombissait au-dessus de ma tête, une alouette a pris son essor dans un champ labouré, un peu plus loin. Au cours de ma demi-heure de présence, la marée s'était renversée et je pouvais voir à l'œil nu que la mer remontait en silence, de façon presque menaçante. Elle allait bientôt arriver et toucher les corps des phoques endormis, les pattes roses des oies. C'est à cause des phoques que j'ai pensé aux saumons. Je me suis demandé si, en ce moment même, des saumons en pleine migration étaient en train de remonter le fleuve vers l'amont, se glissant devant les phoques sans être vus, avec la marée montante. Était-ce la promesse d'un peu de saumon qui avait attiré les phoques si loin de la mer ? Ils étaient au-delà du point où l'eau de l'estuaire est encore saumâtre. À un kilomètre et demi vers l'amont, le varech vésiculeux cesse de pousser. Aucun des arbres de nos jardins n'est envahi par ce lichen orange vif qui s'étale sur les aulnes et qui vit près des eaux salées.

Des poissons, suivant une odeur, échappant aux phoques endormis, franchissant la ville, la maison où j'avais observé les hirondelles de rivage en septembre dernier, passant sans être vus sous les fenêtres auprès desquelles, en ce moment même, les deux nouvelles mamans se tenaient peut-être, avec leur nouveau-né dans les bras. Il n'y avait pas encore d'hirondelles, elles n'étaient pas arrivées. Un héron a hué au-dessus de moi. Peut-être les saumons qui se dirigeaient vers la Braan sentaient-ils même dans cette rivière-ci un soupçon de matière plastique – celle des réservoirs où ils étaient nés, deux ou trois ans auparavant. *Ach !* Tant mieux pour eux, me suis-je dit, en me levant pour repartir.

L'eau avançait, des masses d'eau boueuse. Les phoques n'en avaient cure, mais les oies commençaient à s'agiter et, par groupes de six ou dix, elles se sont mises à décoller, les unes derrière les autres, comme des rangées de linge séchant au vent, jusqu'à ce qu'elles aient passé les roselières et puissent se laisser redescendre dans les champs. Je les entendais pousser leurs cris de commères, *oua-oua-oua*. Bientôt, elles allaient repartir, à leur tour, vers leurs propres aires de reproduction dans le Grand Nord.

Crex-crex

Au mur de ma chambre, dans le *bed and breakfast*, est accrochée une gravure de *La Charrette de foin* de Constable. C'est une chambre agréable, avec des rideaux et un dessus-de-lit fleuris, un vase de fleurs en soie et quelques gravures aux murs. Celle du Constable est petite, pas grand-chose à voir avec l'original qui mesure près de deux mètres, mais c'est une œuvre qu'on reconnaît d'emblée – les arbres superbes avec leur feuillage d'été, les nuages empilés par le peintre, les chevaux noirs tirant la charrette en bois pour franchir le gué ; un jour d'été sans fin, dans le sud de l'Angleterre, en 1821.

La ferme où est accrochée la gravure n'est pas en Angleterre, mais sur l'île de Coll, une des Hébrides. La fenêtre donne sur une petite baie rocheuse très découpée, parsemée d'algues, dans laquelle un bateau rouge est au sec. Une clôture en fil de fer, réparée avec du bois flotté, empêche les moutons de passer sur le rivage. Dans un coin marécageux, où un étroit ruisseau serpente jusqu'à la mer, il y a une touffe d'iris des marais jaunes et un seul buisson de saule, où chante un phragmite des joncs.

Coll et son île jumelle, Tiree, s'allongent selon un axe nord-est/sud-ouest au large de la côte occidentale de l'île de Mull. Entre elles, comme une espèce de trait d'union, se trouve la toute petite île de Gunna. Coll est un endroit peu élevé et sablonneux, sans aucune éminence, avec très peu d'arbres. Ne mesurant que quelques kilomètres de large, ses terres les plus hautes sont des landes rugueuses drapées autour d'articulations rocheuses, avec des *lochans*, ou petits lacs, dans les creux. L'île est encerclée par des plages de sable sans défaut, adossées à de gigantesques dunes. Les coups de chien de l'Atlantique passent au-dessus d'elle très vite et l'air est parfumé par les algues. L'océan et ses vagues ne sont jamais bien loin, leur murmure est ininterrompu, on a le sentiment que cette terre n'est qu'une pause au milieu d'une longue conversation entre mer et ciel.

Tout cela pour dire que, lorsque Constable rangea son chevalet, à la fin de cette journée d'été, ce qu'il aurait entendu en rentrant chez lui à travers champs – ce que nous entendrions nous-mêmes, d'ailleurs, si nous pouvions pénétrer dans sa toile –, c'est le cri du râle des genêts. Il s'agit d'un oiseau brun, de la famille des rallidés, qui ne fait même pas vingt-cinq centimètres de haut et préfère rester invisible au milieu des hautes herbes humides. Son cri un peu rauque – qu'on ne saurait vraiment appeler chant – consiste en deux notes liées, comme une sonnerie de téléphone britannique. Son nom latin, *Crex crex*, est une parfaite onomatopée. Car c'est le bruit qu'il fait entendre, *crex-crex*.

Peut-être qu'en rentrant chez lui, sans se presser, Constable s'amusait à essayer de localiser le bruit dans les herbes. Ou peut-être n'y songeait-il même pas, tant le râle des genêts était répandu. « Entendu dans toutes les vallées », pour reprendre le vers de John Clare. Dans les vallées du Northamptonshire, dans la nouvelle ville d'Édimbourg, dans l'Ayrshire de Robert Burns. On a noté sa présence dans tous les comtés du royaume, de la Cornouailles aux îles Shetland. Au cours du siècle dernier, cependant, il a été entièrement exterminé sur le continent et si vous voulez entendre ou même voir ce furtif petit oiseau des prés, il faudra prendre le bateau jusqu'aux Hébrides.

***

Samedi soir, sur l'île de Coll. De nos jours, le nombre des habitants est d'environ cent soixante, dont la plupart ne sont pas natifs de l'endroit – ce qui n'est pas loin du nombre de râles des genêts. Je ne sais pas combien de ces gens sont allés assister à la soirée disco ; ça, c'était la nuit dernière. Lundi, c'est le groupe de tambours africains, mais il y a d'autres distractions. Il est onze heures du soir. Ailleurs, il est fort probable qu'on se prépare à sortir en boîte, mais moi, j'enfile des bottes en caoutchouc et une veste. Il ne fait pas tout à fait nuit et une Land Rover est venue s'arrêter sur le côté de la maison d'hôtes.

Cette automobile, témoignage neuf et rutilant du sponsoring des entreprises, a pour conductrice Sarah Money, responsable de la réserve de la RSPB à Coll. Sa réserve est spécialement destinée aux râles des genêts et, à cette heure tardive du samedi soir, Sarah a pour mission d'aller parcourir les champs, afin de recenser – c'est-à-dire de compter – ces petits oiseaux bruns. « Ces oiseaux bruns de taille moyenne, s'il vous plaît », rectifie-t-elle.

Quand nous sommes prêtes, Sarah, une femme dans la pleine force de ses trente et quelques années, fait descendre son véhicule jusqu'à la plage, en cahotant, et file à travers le sable sur près de deux kilomètres et demi. Il n'y a pas de route jusqu'à la maison d'hôtes. Par-dessus le bruit du moteur, elle m'explique qu'il faut maintenir une certaine vitesse. Si on avance trop lentement, on risque de s'enliser dans le sable. Elle raconte l'histoire d'un type à qui c'est justement arrivé – sa Land Rover est restée coincée et il est parti chercher un tracteur pour la dégager. Mais le tracteur est resté coincé à son tour, la marée est montée et il a perdu les deux véhicules. Et puis voilà que nous quittons la plage, toujours en cahotant, et que nous serpentons le long d'une piste à travers les dunes jusqu'au moment où Sarah arrête la voiture et baisse sa vitre pour écouter. Satisfaite, elle coupe le moteur. Nous sautons de la Land Rover et, dans l'obscurité et le vent, nous ouvrons une barrière et pénétrons dans un champ, à la lumière d'une lampe électrique.

Le râle des genêts, le roi des cailles, celui qui croasse dans les gerbes de blé, le râleur fou, la caillette, le mouille-mes-pieds.

« Vous les entendez ? » chuchote-t-elle, et je hoche la tête.

Quel bruit fait-il ? Disons, peut-être, le bruit qu'on fait en râpant une noix de muscade. Ou bien celui que fait un prisonnier en limant les barreaux de sa geôle pour s'évader. *Crex-crex, crex-crex*. Nous avançons à petits pas. De temps à autre, Sarah s'arrête et penche la tête. Ses cheveux sont ramassés en queue-de-cheval et elle porte deux ou trois petites boucles d'oreille ; quand elle s'arrête pour écouter, elle me fait penser à une grive sur une pelouse. Elle met ses mains en conque derrière ses oreilles, parce qu'il est presque impossible de dire exactement d'où arrive le bruit. Il monte du sol, c'est évident – on jurerait qu'il sort juste sous nos pieds, mais il donne l'impression de sauter et de partir en avant. Nous avançons avec précaution, en chuchotant ce que nous avons à dire, jusqu'à ce que nous ayons traversé tout le champ, mais le bruit entendu si clairement près de la barrière est encore, allez savoir comment, devant nous.

C'est de mauvais augure. On dit que c'est ainsi que s'y prend la musique des fées pour entraîner à sa perte un homme ivre, hébété par l'alcool ; elle commence, puis elle s'arrête, puis elle recommence à un autre endroit, l'incitant à la suivre. Mais il faut bien dire que notre musique à nous n'est pas belle ; rien à voir avec les sortilèges des fées. Cela dit, si vous aviez bu quelques coups de trop à la soirée disco de l'île et si vous aviez une imagination délirante, qui sait si vous ne croiriez pas entendre un gnome charpentier, occupé à scier du bois sur son petit établi.

Une fois de plus, Sarah s'arrête pour écouter ; elle m'explique qu'elle cherche à discerner si nous entendons deux oiseaux différents, ou bien un seul, utilisant une saillie rocheuse comme caisse de résonance pour donner à son cri une certaine ampleur et prendre ainsi une longueur d'avance sur ses rivaux. Car seuls les mâles crient de cette façon ; ces amants nocturnes cherchent à attirer une bonne amie. Le râle des genêts est capable de continuer la nuit entière, à intervalles d'une seconde environ. À présent, nous sommes à coup sûr tout près de l'oiseau, le cri provient d'une touffe de cerfeuil sauvage à nos pieds, et à une aussi faible distance, c'est un son beaucoup plus grave et lent, une vraie voix de crécelle sortant d'un bar enfumé. *Crex-crex, crex-crex*, lance-t-il, et c'est plutôt Tom Waits que Tom Jones, mais il paraît que les femelles se pâment d'admiration. Et puis soudain, nous sommes trop près, il préfère se taire et il n'y a plus que le bruit du vent et les phoques qui chantent sur le rivage. Nous nous regardons, en réprimant notre envie de rire.

Nous l'entendons au moment des moissons,
Enfoncés jusqu'aux genoux dans les blés.
Du soir au matin, à travers les prés,
Aux premiers jours d'été, nous l'entendons.

Et puis c'est dans l'herbe que je l'entends,
L'herbe si douce, repoussée en masse,
Mais qu'une minute à peine se passe,
Et c'est dans les blés que je le surprends.
Un peu partout, on croit l'imaginer,
Comme une sorte de doute vivant;
Nous savons qu'il existe, mais pourtant
Jamais il ne livrera son secret...

Voilà ce qu'a écrit John Clare.

La mort s'est abattue sur le râle des genêts sous la forme de la faucheuse, mais une faucheuse mécanique. Au temps de la faux, quand le foin était long et coupé à une période plus tardive de l'année, puis entassé sur des charrettes qui avançaient lentement, le râle des genêts pouvait se cacher et se reproduire dans les hautes herbes. Les oisillons prenaient leur envol avant la fauche des prairies et ils avaient tout le temps de se sauver devant la lame meurtrière. Toutefois, avec la mécanisation et des dates de fauche avancées pour les besoins de l'ensilage, les râles, leurs œufs, leurs petits et tout le reste ont été massacrés en bloc.

Cela fait des lustres que le râle des genêts est en rapport avec les hommes, son sort a connu des hauts et des bas, chaque fois que nos pratiques agricoles se transformaient. Lorsque les peuplades préhistoriques ont abattu les forêts pour cultiver les terres, l'habitat de notre oiseau s'est étendu : on a découvert des os de râles des genêts dans des tas de détritus de l'âge de la pierre. Et plus tard,

Mrs Beeton[1] a donné une recette de râles des genêts rôtis. Il en faut quatre et on peut, à sa guise, les servir avec une savoureuse sauce au pain. Mais depuis que les « faucheurs dans la prairie », dont parlait John Clare, ont à leur tour été bannis par l'arrivée des machines, l'habitat du râle des genêts s'est réduit à quelques prairies marécageuses dans des îles. Les îles en question étant, d'ailleurs, ironie du sort, celles dont les populations humaines ont subi le même déclin, à mesure que les techniques agricoles changeaient. Toutefois, les anciennes pratiques de fauche se sont attardées plus longtemps dans les Hébrides, où les champs étaient trop exigus pour les tracteurs, si bien que c'est sur leur sol que le râle a trouvé son dernier retranchement et que les efforts en faveur de la protection de la nature portent leurs fruits.

C'est pourquoi Sarah et moi nous tenons dans un champ humide et obscur, écoutant les râles des genêts occupés à draguer. Le rôle de la femelle est de réagir à ce bruit, de choisir un compagnon, d'inspecter les divers nids que le mâle a déjà préparés à même le sol, dans un élan d'optimisme béat, d'en sélectionner un et de se mettre à pondre. On ne voit pour ainsi dire jamais les femelles – elles acceptent le *purdah*[2], se cachant au

1. Auteur du premier best-seller de la littérature culinaire britannique, en 1861.

2. Le *purdah* consiste à interdire que les femmes soient vues par des hommes autres que leurs plus proches parents, soit en les tenant à l'écart, soit en les voilant entièrement.

plus profond des touffes d'ortie ou d'iris pour élever une ou deux couvées de petits, noirs comme le jais. Une fois qu'il s'est accouplé avec une femelle, le mâle ne restera avec elle que peu de temps, jusqu'à ce qu'elle ponde ses œufs, puis il reprendra ses appels pour en attirer une autre. La mère couve ses œufs, comme il se doit, jusqu'à l'éclosion, mais moins d'une quinzaine de jours plus tard, elle abandonne la jeune couvée et la laisse se débrouiller seule. À cet âge, les petits ne sont même pas capables de voler et sont donc une proie aisée pour les loutres ou les buses, mais leur mère est partie en quête d'un autre mâle, afin de mettre au monde une autre couvée.

Dans notre idée, cette stratégie paraît refléter l'énergie du désespoir, ou alors une folle prodigalité – élever un grand nombre de jeunes pour pallier les attaques. C'est une stratégie à laquelle nous-mêmes, en tant qu'espèce, sommes en passe de renoncer. Mais Sarah dit que la vie du râle des genêts est si menacée que le mâle que nous entendons, elle et moi, n'est peut-être pas celui qu'elle a compté ici même l'année dernière. Celui-là a sûrement péri. Le nôtre est peut-être son fils, revenu sur les lieux de sa naissance, afin d'obéir à l'instinct impérieux de la reproduction. Il est donc ici même, ce minuscule mâle en rut, qui braille à nos pieds, et cela nous donne le fou rire à toutes les deux.

***

Vers deux heures du matin, Sarah est satisfaite et prête à rentrer se coucher. À la lumière de la lampe intérieure de la Land Rover, elle note des données dans son classeur. La sortie de cette nuit porte son total de mâles appelant la femelle à soixante-treize, ce qui devrait permettre de battre le record de l'année précédente. Il y a dix ans, avant la création de la réserve avec ses enclaves de hautes herbes et sa fauche adaptée aux oiseaux, il n'y en avait que vingt, donc les soixante-treize sont un franc succès. La nuit est tiède, une brise légère souffle de la mer. À un kilomètre et demi à l'intérieur des terres, une unique lumière brille à la fenêtre d'une maison. Avec ce chœur de cris rauques qui n'arrêtent pas de la nuit, peut-être que quelqu'un a du mal à dormir.

***

Le lendemain matin, je déambule sur la plage ; la marée a effacé les traces de la Land Rover. Je vois un baril de pétrole, un nid d'huîtrier et un dauphin mort depuis déjà un bon moment. Derrière la plage, sur les immenses dunes, les fleurs sauvages commencent à éclore, des géraniums sanguins et des orchidées qui ressemblent à des pouces bien roses. Quand j'arrive au bout de la plage, je m'engage le long d'une piste vers l'intérieur, jusqu'à l'endroit où elle passe devant le champ où Sarah et moi sommes allées hier soir. Sur le moment, ce lieu m'a dérangée ; à présent, il est vert et accueillant. Accroupis dans l'herbe, telles des pierres douées d'intelligence, je vois une demi-douzaine de lièvres bruns, et au milieu un épouvantail dont la tête est un seau. Mais là, depuis les profondeurs de la végétation, à l'extrémité la plus éloignée du champ, le bruit me parvient de nouveau : *crex-crex, crex-crex, crex-crex.*

Près de sa maison, dans la réserve, Sarah est occupée à aplatir l'herbe au moyen d'une débroussailleuse ; elle est couverte de traînées verdâtres. Elle coupe le moteur, m'invite à venir prendre un café dans sa cuisine et, assise à une table où s'empilent les guides de fleurs et les rapports sur les oiseaux, elle m'explique qu'elle a acquis son savoir considérable assez rapidement, en huit ans, à l'âge adulte, plutôt qu'au cours d'une adolescence nourrie de passions obsessionnelles. C'est une longue visite à St Kilda qui a déclenché son intérêt. Connaître les oiseaux, c'est comme parler couramment une langue étrangère, ou pleinement maîtriser un instrument de musique. Mais la gestion d'une réserve, alors qu'elle paraît relever davantage du jardinage ou de l'économie domestique que de l'appel de la nature, si l'on songe au soin avec lequel il faut implanter certaines espèces et compter les œufs, est une tâche qui n'attire guère les femmes. Les affectations peuvent être difficilement compatibles avec les besoins des enfants et du conjoint, à supposer qu'on ait une vie de famille. Et si on n'en a pas, trouver l'homme de votre vie dans un endroit éloigné de tout n'est pas un jeu d'enfant.

Je demande donc : « Vous comptez rester ici ?

– Pas à tout jamais. Je deviendrais folle. »

Coll serait un endroit divin pour y passer son enfance. Il y a des plages et des bateaux, tout le monde vous connaît, c'est le genre d'endroit où on laisse sa porte ouverte. Si vous êtes dans les parages, ça se sait. Si vous prenez le ferry pour le continent, ma foi, ça se sait aussi. Si vous avez un accident et qu'il vous faut une ambulance aérienne, un hélicoptère vous emportera jusqu'à l'hôpital de Glasgow en vingt minutes, et entre-temps, l'île entière sera au courant de vos malheurs. Une vingtaine de kilomètres à peine de route étroite sépare les deux extrémités de l'île, rivales et néanmoins amies. Il y a des vendettas locales au sujet de certaines terres, un approvisionnement limité en eau douce et pas d'enseignement secondaire. En fait, dès l'âge tendre de onze ans, les enfants doivent quitter leur foyer pour devenir pensionnaires au collège d'Oban. Quant aux études supérieures et au travail, ils les entraînent bien plus loin encore. On dirait que ce départ prématuré des enfants est le prix qu'il faut payer pour jouir de cette vie insulaire, en apparence idyllique.

Les râles des genêts sont migrateurs. Ils arrivent en avril ou mai, de nuit. Tout le monde s'accorde à dire qu'ils volent à contrecœur, très bas, les ailes crispées. « Embarrassée », voilà comment un des guides sur la nature décrit leur façon de voler. Quelquefois, ils vont se cogner contre des lignes à haute tension ou des phares. Puis, en septembre, ils repartent. Des Hébrides jusque dans le sud de l'Afrique – ce qui paraît incroyable. Mais il faut dire qu'on a longtemps cru tout et n'importe quoi au sujet du râle des genêts : qu'il disparaissait sous terre pendant l'hiver, ou bien qu'il se transformait en poule d'eau, ou encore qu'il se déplaçait en se faisant transporter par d'autres oiseaux. On disait aussi qu'il s'allongeait sur le dos pour pousser son cri, parce qu'autrement le ciel lui serait tombé sur la tête. On ne sait pas précisément où ces oiseaux hivernent – on n'a jamais récupéré qu'un seul râle portant une bague écossaise et cela s'est passé au Congo. Ils endurent l'épopée qu'est leur migration, puis ils retournent se perdre dans les hautes herbes.

« C'est une bonne chose que nous n'en sachions pas plus long, me dit Sarah. Qu'il y ait encore un peu de mystère dans le monde. Et si nous n'en savons pas plus, on peut penser qu'ils vont là où il n'y a pas d'hommes et ça vaut mieux pour eux.

– Et vous, alors, que faites-vous l'hiver, dans la réserve ? » lui dis-je ; elle me répond, avec un enthousiasme qui ne trompe pas : « Oh, nous avons le plaisir de voir arriver les oies. Vous savez, ce jour au mois d'octobre où on se dit tout à coup que l'année touche à sa fin ? Eh bien, les oies arrivent à ce moment-là. »

***

Il ne me suffit pas d'avoir entendu plusieurs râles des genêts dans la nuit, je voudrais à présent en voir un. C'est une affaire d'espèce. En tant qu'êtres humains, nous privilégions la vue ; elle confirme nos autres sens. On m'avait dit: « Quand on cherche les râles des genêts, on ne les voit jamais », mais si je n'en voyais pas du tout, je me sentirais lésée. La RSPB a installé un « banc pour voir les râles des genêts » ; le nom est un peu pompeux pour quelques lattes de bois au bord d'un champ. Sarah m'y accompagne. Aujourd'hui, sa tâche est de contrôler les nids des vanneaux huppés, car ces oiseaux-là aussi sont de moins en moins nombreux et elle veut savoir pourquoi. « C'est peut-être les loutres – vous voyez un peu le dilemme, pour les spécialistes de la faune sauvage. » Elle enfile une veste et des bottes en caoutchouc, prend son classeur et nous voilà parties pour les champs.

Le banc vous offre une vue sur deux prairies luxuriantes, en pente douce, séparées par une clôture en fil de fer et une rangée de poteaux télégraphiques qui acheminent leurs fils jusqu'à un cottage situé à un peu plus d'un kilomètre. Sur le pourtour de ces terrains, on a laissé pousser une bordure d'herbes hautes et de cerfeuil sauvage, qui se balancent au vent. Ces herbes fournissent un habitat aux râles des genêts. Au centre, qui est marécageux, les échassiers font leurs nids. Les prairies forment de larges bandes de tons jaunes et crème, très doux – boutons-d'or, petit rhinanthe, cerfeuil sauvage. Le terrain s'affaisse, puis remonte. Au fond du creux, il y a une modeste pièce d'eau, où poussent des roseaux et des iris des marais, et une paire d'oies cendrées s'y prélassent. Le temps n'est pas idéal pour observer les râles des genêts. Le ciel est très couvert, les coups de chien menacent, la brise est trop froide. Or, si le vent dépasse les trois nœuds, les râles n'ont pas envie de sortir. Ils n'aiment pas voler, le vent et la pluie leur déplaisent, et ils n'ont aucune envie de se donner en spectacle – c'est le genre d'oiseau qui demande à être dispensé des activités sportives. À la différence des vanneaux huppés, très occupés à fendre l'air dans l'espoir de détourner l'attention de Sarah qui est en train d'examiner leurs nids.

Je la regarde se pencher dans le champ, comme une glaneuse. Cette vie en vaut la peine, c'est une excellente situation, compter les râles des genêts la nuit et étudier les nids des vanneaux huppés dans un champ marécageux le jour – c'est quand même mieux que d'être claquemurée dans un bureau. Elle vous dira, cependant, que la majeure partie du travail d'une garde-réserve consiste à négocier et à trouver des compromis avec les gens plutôt qu'avec les oiseaux. Les conditions étant ce qu'elles sont, les oiseaux sauront se débrouiller. Ce sont les locataires des fermes, les voisins, les visiteurs qui ont besoin d'être gérés. Il faut savoir être le propriétaire excentrique pour les uns, l'hôte délicieux pour les autres ; toujours sourire, même aux gens qui, à votre avis, font tout pour saccager la planète. Elle me dit qu'il existe des personnes hostiles à la seule idée de préserver les ressources naturelles ; des personnes qui estiment qu'il est, d'une certaine façon, antihumain et donc inacceptable de consacrer un coin d'un champ éloigné de tout aux râles des genêts menacés, de leur laisser mettre au monde quelques petits, puis disparaître.

Moi, je veux voir un râle des genêts. Donc je reste assise sur mon banc, à regarder les têtes dentelées du cerfeuil sauvage s'agiter dans la brise. Je pense aux râles des genêts, comme s'il suffisait d'y penser pour les faire apparaître. Un aperçu, voilà tout ce à quoi j'aurai droit – peut-être une femelle, filant d'une parcelle de couvert à une autre, ou bien des mâles rivaux s'oubliant au point de se chercher noise au vu et au su de l'assistance. Le râle des genêts est devenu un oiseau des Hébrides, il fait partie de l'été de ces îles au même titre que le ciel bleu balayé par le vent, les vagues et la pluie, les fleurs sauvages sur le *machair*, les alouettes et les plages vides, au sable pâle comme de la crème. Certes, la baisse de ses effectifs ne présage rien de bon pour la pauvre bête, mais il y a néanmoins un intéressant effet secondaire. À notre époque de prétendues homogénéité et similitude, où, pour reprendre la formule du naturaliste Richard Mabey, « les différences entre le natif et l'étranger s'estompent », nous avons éloigné les oiseaux. Des espèces jadis communes, comme le râle des genêts, deviennent désormais plus localisées, plus spécialisées. Mais, en même temps, on dirait que les hommes apprennent à s'identifier aux oiseaux de leur terroir. L'île de Mull se passionne pour son pygargue à queue blanche, ou grand aigle de mer, une espèce que les chasseurs avaient fait disparaître et que l'on a réintroduite.

Sur Coll, tout le monde connaît les râles des genêts – la population est en train de les adopter, comme les totems des tribus néolithiques. Ces oiseaux sont une véritable aubaine pour l'île. Eux qui ne visitent l'endroit que l'été, ils attirent d'autres visiteurs. Les amateurs d'ornithologie font le déplacement – Sarah me parle d'une vieille dame qui est restée assise, tranquille et bien élevée, sur le banc même où je me trouve, pendant une heure, deux heures… et puis soudain, il y a eu un cri de sioux et Sarah s'est retournée pour voir la visiteuse bondir comme une folle, en donnant des coups de poing dans le vide, comme un footballeur, tout ça parce qu'elle avait entrevu un insaisissable oiseau brun. Je reste donc assise sur le banc, contemplant les hautes herbes, mais il commence à pleuvoir, et même s'il y a des oies, des vanneaux huppés et des chevaliers gambettes, une bande de bruyants étourneaux et une alouette qui prend son essor, je ne vois pas l'ombre d'un râle des genêts. Ce n'est peut-être pas plus mal, au fond. D'ailleurs, dans les îles Shetland, on pense que ça porte la poisse de poser les yeux sur cet animal.

Quand je finis par en voir un, plus tard dans la journée, il est en train de se sauver à pas précipités devant les roues de ma voiture. Tel un grand géocoucou en miniature, la femelle fine et droite, les épaules contractées, court sur ses longues pattes roses et puissantes, se glisse à grand-peine sous une clôture en fil de fer et disparaît avec un intense soulagement parmi les iris au moment même où je freine. Elle est de la couleur de la barbotine et ressemble, au cours du bref instant où je la vois, à une élégante carafe en céramique qui se serait brusquement animée. Et voilà. Je m'abstiens de donner des coups de poing dans le vide.

***

Les râles des genêts ne figurent jamais sur les cartes de vœux et ils ne chantent pas non plus après la pluie. Leurs migrations n'ont pas du tout l'aura romantique de celles des hirondelles, bien qu'ils couvrent la même distance. Ils arrivent au printemps, mais nous avons oublié qu'ils nous l'annoncent. Ils rôdent hors de vue parmi les herbes, comme des coupables, et ne nous encouragent donc guère à lever les yeux au ciel. Ils ne nous suggèrent aucune métaphore sur le chapitre de la fidélité amoureuse, ou du dévouement maternel ; ils ne sont rien d'autre que des oiseaux bruns de taille moyenne. Néanmoins, je me sens volée – privée d'un des sons de l'été que tous nos ancêtres ont dû connaître, cet agaçant petit *crex-crex*. Pourquoi les préserver, sinon parce que c'est notre devoir moral envers les autres formes de vie de la planète ? S'il n'y a plus de « râle criard », plus de « bruyant habitant des roseaux », cela révèle que quelque chose cloche dans l'écosystème global dont nous dépendons tous, en dernier ressort, de diverses façons mystérieuses qui restent à découvrir.

Voilà ce que vous diront les écologistes et les scientifiques. Seulement il y a des choses qui ne sont pas bonnes à dire – en tout cas par les scientifiques. Une autre personne arrive à proximité du banc, ce n'est pas une vieille dame, mais un homme d'une petite quarantaine d'années, un vacancier. Nous nous mettons à bavarder – à l'évidence, il en connaît long sur les oiseaux. Il a ses jeunes enfants avec lui, dans l'île de Coll, et il a profité de ce qu'ils étaient à la plage pour s'éclipser pendant une heure, dans l'espoir de repérer un râle des genêts. J'ai donc devant moi cet Anglais qui a fait des études universitaires et exerce une profession libérale, ce père de famille, équipé d'une cagoule et d'une paire d'excellentes jumelles.

« Je peux vous demander pourquoi ils vous plaisent ? Je parle des râles des genêts, bien sûr.

– Eh bien, ils sont… ils sont des espèces de petits dieux des champs, vous ne trouvez pas ? »

Là, pour un peu j'aurais sauté de joie. Les râles des genêts sont rares, certes, mais l'animisme l'est encore plus. Des gens capables de s'éclaircir la gorge et de vous parler de biodiversité, on en trouve à la pelle, mais ce n'est pas avec « les râles des genêts… petits dieux des champs » que vous risquez de voir vos propos publiés dans les revues d'ornithologie. Et pourtant, c'est ainsi que je me les représente désormais : debout, le bec ouvert, comme des statues votives cachées dans les herbes.

Quand je passe en vitesse remercier Sarah avant de me diriger vers le ferry, je la trouve dans son habituelle tenue de travail, veste Barbour et bottes en caoutchouc, en route pour aller remplacer la pile d'une clôture électrique. Un fermier, à l'autre bout de l'île, vient de lui téléphoner pour signaler la présence de râles des genêts sur ses terres, ce qui porte son total de mâles en rut à soixante-quinze ;

le record de l'année précédente est battu et Sarah est contente – même si leur avenir n'est, pour paraphraser John Clare, qu'une « espèce de doute vivant ».

À Arinagour, où accoste le ferry, il y a quelques cottages blancs, un magasin, un hôtel. Il y a aussi un atelier de potier, où l'on peut acheter en souvenir des râles des genêts en céramique à remporter chez soi. On parle de réintroduire les râles des genêts en Angleterre, donc peut-être cet oiseau pourra-t-il un jour émettre de nouveau ses *crex-crex* dans la vallée de Dedham, chère à Constable. En attendant, le continent est un lieu auquel il manque quelque chose : mille six cents kilomètres de campagne sans le moindre petit dieu des champs.

Fièvre

Sous la gouttière de notre maison, il y a beaucoup de toiles d'araignée, chacune reliée au mur selon un angle légèrement différent. Comme c'est un mur qui donne à l'est, par les matins ensoleillés, les toiles sont illuminées.

Ces toiles d'araignée m'ont fait penser à des oreilles, ou à ces soucoupes paraboliques, en phase avec chaque nuance différente du lointain univers. Une toile en suivait une autre – un quartier entier de toiles d'araignée, comme un souk oriental avec ses cordonniers, ses vendeurs d'épices, ses drapiers réunis tous ensemble dans leurs propres allées. La plus étendue des toiles était à peu près grande comme une main et demie, une main de pianiste. Je me suis demandé si toutes les araignées étaient apparentées, si elles formaient un groupe familial.

Dans la chambre à coucher derrière moi, mon mari était malade et son état s'aggravait rapidement. Cela faisait maintenant quatre jours qu'il avait quarante de fièvre, il était si chaud qu'il ne parvenait même plus à transpirer. Ou plutôt, il transpirait la nuit et somnolait dans la journée, irradiant la chaleur. Au cours des heures où il dormait et où les enfants étaient à l'école ou à la crèche, une atmosphère rare, spacieuse, élégante envahissait la maison. Assise sur le pas de la porte dans le soleil de la fin d'été – on entre chez nous au premier étage, accédant à la maison par un escalier extérieur –, j'ai remarqué les toiles d'araignée. J'en avais une conscience aiguë, ainsi que des moucherons minuscules qui dérivaient dans l'air ensoleillé du matin, et je me rappelle m'être dit que certains de ces moucherons finiraient à coup sûr dans les toiles. Je remarquais aussi, ou je sentais plutôt, que la lumière du soleil s'intensifiait ou diminuait sur le mur de pierre derrière moi, quand des nuages passaient.

Du soleil et des toiles d'araignée, et quand je suis rentrée et que j'ai passé la tête par la porte de la chambre à coucher pour voir comment allait Phil, j'ai contemplé un moment la lumière que réfractait notre vieille fenêtre, formant au plafond une mare de remous silencieux.

Phil était brûlant, vaguement assoupi, me tournant le dos. Il m'a juste demandé à boire. Sa peau avait pris une pâleur d'un gris jaunâtre. Notre médecin l'avait ausculté, puis elle était restée à le regarder en silence, pendant un long moment, et enfin elle avait secoué la tête. Nous savions par des échantillons, examinés en urgence au laboratoire, que le sang de Phil était en train de se détruire lui-même. « Il faut absolument tirer ça au clair », avait-elle déclaré.

Quand le téléphone a sonné, j'ai sursauté. C'était la généraliste qui me donnait des instructions pour une hospitalisation, le numéro du service, le nom du professeur. Je suis retournée à l'intérieur afin d'aider Phil à se préparer et de faire les arrangements nécessaires pour que quelqu'un aille récupérer les enfants à l'école.

Jusque-là, aucun de nous deux n'avait mis les pieds à l'hôpital. L'endroit ressemblait plutôt à un aéroport international. Nous avons pénétré dans un centre commercial, avec des magasins d'optique, des salons de coiffure et des cafés. Comme dans un aéroport, des panneaux indiquant les destinations étaient accrochés au-dessus de nos têtes et les flèches pointaient vers de larges couloirs menant au service de conception assistée, à l'école d'anesthésie, au service de phlébotomie, à celui d'hématologie. Lentement, nous avons suivi un de ces couloirs, sur une longueur qui était peut-être la moitié de celle de notre jardin, et puis soudain Phil s'est effondré. Je suis allée chercher un fauteuil roulant à l'accueil et, vaillamment, nous avons réussi à gagner l'endroit où on nous envoyait.

Dans une petite salle de consultation, où un rideau à moitié tiré vous isolait de la porte, l'infirmière-chef nous a expliqué que, même si cet endroit faisait partie du service d'oncologie, les patients qui s'y trouvaient n'étaient pas tous cancéreux. Elle a apporté dans la pièce un ventilateur qu'elle a branché et mis en route. Nous apprenions des mots nouveaux : « pyrexique » par exemple. Phil était allongé sur le lit étroit. La porte s'entrebâillait souvent pour laisser entrer des externes et des infirmières qui ouvraient des tiroirs ou des boîtes en plastique et emportaient des flacons, des aiguilles, des tubes et des gants de latex. À un moment donné un externe a fait une prise de sang à Phil et rempli plusieurs éprouvettes.

L'interne du service était une femme pétaradante. Tirée à quatre épingles, chemisier, jupe en tweed, chaussures italiennes. Phil s'est assis dans le lit et il a retiré son tee-shirt. Déjà, sa musculature de charpentier avait en partie fondu et son corps avait pris une mollesse soumise. Se penchant en travers du lit, derrière lui, le médecin a placé son stéthoscope sur un point précis dans le dos de Phil et s'est mis à écouter. Ce faisant, elle a élevé autour d'elle une espèce d'écran invisible et protecteur. Ses yeux se sont perdus dans le vague. Elle s'est repliée dans son stéthoscope, contre le dos de Phil, écoutant le son comme pourrait le faire un musicien. Puis elle a commencé à se concentrer sur une zone à mi-chemin de son flanc droit. Elle suivait la piste de quelque chose à l'intérieur de son corps, déplaçant le stéthoscope de deux centimètres à gauche, puis à droite, avant de revenir, comme si elle comparait deux notes. Tout à coup, elle a eu l'air satisfaite et s'est renversée en arrière, enlevant le stéthoscope de ses oreilles.

Je suis rentrée chez nous toute seule, traversant l'interminable pont au-dessus du Tay. La mer était basse, laissant voir les longs bancs de sable. J'ai pris la route secondaire, la route panoramique, loin au-dessus des eaux étincelantes. Bientôt, il serait l'heure de récupérer les enfants et de leur expliquer pourquoi leur père avait disparu. Mais d'abord, je suis sortie dans le jardin. Notre jardin est étroit et long. Trois ans plus tôt, Phil avait planté sur toute la longueur une haie de hêtres qui s'était étoffée, les arbustes maigrichons formant désormais un épais rempart d'un vert éclatant. Je suis passée devant le jeune sorbier des oiseaux. Mes pas m'ont entraînée jusqu'à la porte d'un abri de jardin en mélèze que nous avions construit l'été précédent. Il a des fenêtres ornées de vitraux et un toit en bardeaux ; au-dessus de la porte est accrochée une plaque représentant un homme tout vert, de la bouche de qui sortent les feuilles d'un prunier. Au-delà de l'abri se trouve le verger de pruniers ; et au-delà encore, trois vieux pommiers ; dans les branches d'un de ces arbres, Phil construisait, quand il est tombé malade, une cabane qui n'est encore qu'à demi achevée.

Si elles étaient entièrement déployées hors de nos poumons, les alvéoles pulmonaires couvriraient, nous dit-on, la surface d'un court de tennis, soit un peu plus de vingt-trois mètres de long sur un peu plus de huit mètres de large. Ou, si l'on veut, la distance du mur à la haie dans le sens de la largeur, et celle du banc à l'abri de jardin dans celui de la longueur. Une superficie sur laquelle le doux soleil projetait, à ce moment de l'après-midi, des ombres allongées. Je me suis placée le dos contre la cabane et j'ai étudié cette zone, en essayant d'imaginer – quoi donc ? Que devons-nous imaginer ? La surface respiratoire de nos poumons, les six cents millions d'alvéoles ? Étalée comme quoi ? Une bâche ? une gelée blanche ? une toile d'araignée plus fine que fine, échangeant des gaz avec l'air ambiant ? Et de nos nerfs, qu'en est-il ? Il y a des centaines de kilomètres de neurones dans nos cerveaux. Je me suis efforcée de les imaginer, tous ces nerfs, toute cette conscience, cet état d'alerte diffusés tout autour de moi. Toute cette écoute.

Ce soir-là, à l'heure du coucher, j'ai pris l'*Encyclopédie pour les petits* de notre fils et j'ai montré aux enfants des images des poumons, du sang, des nerfs. À aucun moment ils n'ont demandé si leur père risquait de mourir. Peut-être l'idée que les gens qui tombent malades peuvent mourir ne leur est-elle pas venue.

Les radioscopies fournissent une image extérieure de quelque chose que nous avons à l'intérieur de nous. Une image que nous devons tirer de nous-mêmes, afin de la mettre sous nos propres yeux et, ce faisant, de la reprendre au-dedans de nous. Hors des poumons jusqu'au fond du cerveau. Depuis le lit d'hôpital de Phil, nous pouvions voir l'écran lumineux sur lequel les médecins examinent les clichés. Il y avait une forme, une ombre sur le poumon droit. Deux médecins en blouse blanche se tenaient côte à côte et se la montraient du doigt. L'un des deux, une femme, nous a regardés par-dessus son épaule. C'était la pneumonie de Phil, ce que la femme qui l'avait ausculté avait écouté avec tant d'attention. Je me rappelais sa satisfaction professionnelle : « Je serais très intéressée de voir une radio des poumons de ce monsieur. »

L'image de la maladie, cependant, est une image de la situation telle qu'elle était il y a quelque temps. La pneumonie laisse derrière elle une cicatrice, puis elle s'en va. L'ombre que nous voyons sur la radio tirée des profondeurs de notre corps, de même que les images que nos télescopes reçoivent de l'univers lointain, représentent quelque chose qui appartient déjà au passé.

Mais de nos jours, la pneumonie est aisément jugulée. Le véritable problème de Phil, c'était qu'elle l'avait obligé à produire des anticorps qui faisaient des ravages parmi ses propres cellules sanguines. Son taux de globules rouges n'était déjà plus que la moitié de ce qu'il aurait dû être et il continuait de dégringoler. C'était pour cette raison qu'on l'avait envoyé dans ce service, en hématologie. On avait pris de nombreux échantillons de son sang. Quelque part dans un laboratoire, un frottis sanguin refroidissait sur une plaquette en verre. Peut-être qu'en ce moment même, quelqu'un était occupé à l'analyser à travers l'objectif d'un microscope.

Dans ce service, aucun malade n'était assis dans son lit. Il y avait un homme qui souffrait de drépanocytose ; je ne voyais rien d'autre de lui que deux minces pieds noirs qui sortaient de sous le drap. Deux des autres patients étaient chauves, peut-être à la suite de chimiothérapies. Un troisième dormait la plus grande partie du temps, tournant le dos à sa femme qui était assise à son chevet, en train de lire un livre de poche. Quand son mari est mort, subitement, le lendemain, Phil m'a dit qu'elle avait crié : « Ne me quitte pas ! Ne me quitte pas ! »

***

À l'époque où ma mère était petite fille, pendant la Seconde Guerre mondiale, les rares antibiotiques que l'on parvenait à fabriquer étaient envoyés au front. Lorsqu'elle avait contracté une pneumonie, il était impossible d'en obtenir. Elle avait quatre ans, elle était fille unique. Elle m'a raconté cette histoire au moins trois fois. Elle me l'a racontée encore une fois tout récemment, quand mon propre enfant, son petit-fils, a fêté ses quatre ans. Nous étions dans le café de la Queen Street Gallery à Édimbourg, lequel était fort commodément proche de l'étude de notaire où elle travaillait. Ma mère était, comme à son habitude, l'image même d'une élégante femme d'affaires. Mais nous parlions de pneumonie et de la guerre. Cette fois-là, j'ai compris ce qu'elle me racontait. Depuis la dernière fois qu'elle m'avait retracé l'épisode, je m'étais à mon tour tenue dans l'encadrement de la porte d'une chambre d'enfant, je m'étais penchée sur un berceau pour écouter la douce et merveilleuse respiration de petits poumons tout neufs.

Ma mère vivait avec sa propre mère dans un très modeste appartement ; son père était parti à la guerre. Il y avait un point d'eau sous la fenêtre, un lit dans le coin cuisine, et l'endroit sentait le charbon. Dans les années 1960 encore, lorsqu'on m'y emmenait, petite fille, rendre visite à ma grand-mère, la fenêtre de l'escalier était restée peinte en noire comme à l'époque du couvre-feu, et le palier était éclairé au gaz. Inutile de dire qu'il n'y avait pas de salle de bain, rien d'autre que des toilettes au détour de l'escalier. Deux familles se les partageaient.

Quand ma mère était tombée malade, on avait fait venir un médecin et ma mère m'a toujours fait les deux mêmes observations le concernant – l'une, c'était qu'il n'avait jamais demandé d'honoraires, et l'autre, qu'il n'était même pas entré dans la pièce. Non pas par snobisme, ni par crainte de la contagion ; c'était ainsi qu'il avait établi son diagnostic et jugé de la sévérité de sa maladie. Elle se rappelle, pas loin de soixante années après les faits, que le médecin était resté à la porte, écoutant sa respiration oppressée, puis qu'il avait fait demi-tour pour aller réclamer une ambulance. Pendant trois semaines, elle était restée dans le service des poitrinaires, réservé aux adultes, couchée dans un lit à côté de la fenêtre. L'hôpital était à une certaine distance de la ville, mais sa mère et sa grand-mère faisaient tous les jours la route à pied, pour lui rendre visite. Deux fois, on les avait fait venir en pleine nuit, parce qu'on ne pensait pas que la petite fille survivrait jusqu'à l'aube.

Le souvenir qu'elle avait gardé de l'hôpital, c'était que sa mère et sa grand-mère n'étaient pas autorisées à la voir. Ou plutôt, qu'elle n'était pas autorisée à les voir. On installait un paravent, ou un rideau, derrière lequel ses visiteuses étaient cachées. Sauf... leurs chaussures qu'elle apercevait. La fillette savait que sa mère et sa grand-mère étaient là et l'écoutaient grâce à ces robustes souliers du temps de guerre, qui passaient en bas du paravent. Quand elle avait entamé sa convalescence et qu'on l'avait autorisée à s'asseoir dehors, pour prendre l'air, les infirmières la déguisaient avec leurs manchettes et leurs coiffes amidonnées pour l'amuser. Voilà ce qu'elle se rappelle. Elle ne pouvait pas voir sa mère, parce que les infirmières pensaient que toute manifestation d'émotions, une brusque crise de larmes, risquaient d'être trop violentes pour son cœur et ses poumons déjà malmenés et de lui coûter la vie. Contrôler ses émotions pour pouvoir survivre ; voilà, selon moi, sa fille, la leçon qui lui est restée de sa maladie. L'idée que Phil pouvait avoir une pneumonie ne m'avait même pas effleurée, parce qu'il ne faisait aucun bruit et que je connaissais si bien l'histoire de ma mère, l'histoire du médecin debout à la porte, écoutant le vacarme que faisait sa respiration.

Le lendemain, j'ai emmené les enfants voir leur père, mais j'ai écourté la visite. Certains des patients ambulatoires allaient et venaient, reliés à tout un réseau vertical de tubes qu'ils traînaient avec eux sur une potence à roulettes, comme si leur propre système circulatoire leur était désormais extérieur. Du sang et du sérum physiologique coulaient goutte à goutte le long de tubes et de cathéters jusque dans des bras sans force. J'avais peur que les enfants, que leur père ennuyait déjà et qui s'amusaient à glisser sur le sol, ne fassent tomber un de ces malades et sa potence, dans un atroce méli-mélo de sang, de tubes et de corps frêles en pyjama.

Lorsque nous sommes repartis, les enfants ont voulu me montrer un oiseau. Nous suivions le large couloir qui devait nous ramener au centre commercial et au passage couvert jusqu'au parking. Il y avait des fenêtres qui donnaient sur un toit plat goudronné, où l'on pouvait voir un étourneau couché sur le dos.

« Il est mort ! Regarde, maman ! Il est mort !

– Non, il est pas mort. Maman, regarde ! Il bouge les pattes ! Mais bientôt, il sera mort. »

Je les ai tirés loin de la fenêtre et suis passée devant l'école d'anesthésie pour regagner la voiture.

***

« À qui adresses-tu des prières ? m'a demandé un jour un ami.

– À personne, ai-je répondu. Pas question. »

Nous étions en train de manger du poisson et des frites. Je ne prie jamais. Pourquoi prierait-on ? Que fait-on ? On supplie ? On marchande ? On marchande avec Dieu ?

Peut-être que si mon enfant gisait malade, en danger de mort, derrière un paravent, je prierais, mais ce ne serait pas naturel. L'espoir est un sentiment épouvantable. Nous prions, me semble-t-il, afin d'écarter un bref instant l'espoir qui nous écrase. Je n'aurais pas pu discuter de tout cela avec mon ami en grignotant nos frites, mais j'ai gardé cette question présente à l'esprit pendant un certain temps. C'est vrai, je l'ai gardée dans ma tête jusqu'au moment où Phil est tombé si malade, et alors je me suis reproché de ne pas prier. Pouvais-je expliquer à Phil que je n'avais pas prié – alors même qu'il y avait eu un laps de temps, vingt-quatre heures peut-être, où j'avais sincèrement cru que sa vie était en danger ? En revanche, j'avais remarqué, et même fait plus que remarquer, les toiles d'araignée et les bandes de lumière, et la manière dont le médecin écoutait, et le tweed moucheté de sa jupe, et l'oiseau ocellé et les pieds minces de l'homme qui souffrait de drépanocytose. N'est-ce pas une espèce de prière ? Le soin et l'entretien du réseau de notre attention, l'habitude de remarquer les choses ?

« Et toi ? ai-je demandé à mon ami. Qui pries-tu ? »

Il a saisi une autre frite et haussé les épaules. « Je ne sais pas. Mais c'est une entité féminine. La grande mère universelle ou je ne sais trop quoi. »

***

Nous sommes partis gravir les hauteurs d'Ormiston Hill, derrière notre ville, les enfants et moi. Le terrain s'élève de manière assez raide, par une succession de terrasses. Ce sont des pâturages plutôt drus, bordés d'ajoncs. Les enfants, en bottes de caoutchouc bleues, ont grimpé vaillamment à travers les hautes herbes. Nous pouvions voir la ville au-dessous de nous. « Voilà la maison de Ben ! se sont-ils écriés. Et là, c'est l'école ! » Le jardin public, le fleuve – presque toute l'étendue de leur univers. En aval du fleuve, là où l'eau s'élargit encore davantage, nous apercevions Dundee, où leur père était à l'hôpital. À cet endroit, l'estuaire du Tay est très large. Les inhalations et exhalations de la marée remuent d'énormes volumes d'eau. L'élément liquide se retire pour découvrir des bancs de sable. En amont, le fleuve serpente au milieu des collines. Il tire au fond de ses eaux la lumière du ciel et s'avance à travers les terres sous la forme d'une brillante spirale. Nous avons mangé des mûres. Escaladé une haute barrière, contemplé un fossé, unique vestige d'un fort de l'âge du fer, construit au sommet d'une butte, puis nous avons franchi la barrière qui permet d'accéder au sommet. J'ai tenté de leur expliquer comment aborder les ajoncs dépenaillés. « Allez-y franchement, n'ayez pas peur. Foncez dedans, voilà tout. Ça vous fera beaucoup moins mal que vous ne croyez. C'est votre crainte qui vous arrête. » Ce qui ne les a pas empêchés de renâcler et d'exiger d'être portés de l'autre côté.

Une fois tout en haut, je me suis assise pour étudier le paysage, tandis que les enfants, après avoir réclamé les biscuits que nous avions apportés, crapahutaient sur le *cairn*. La colline n'est pas très haute, dans les trois cent trente mètres tout au plus, mais le terrain s'étend très largement tout autour. Nous pouvions voir des plantations forestières et des montagnes vers l'ouest, des terres agricoles et des lochs vers le sud et l'est. Un Texan en visite nous a dit, un jour, que notre paysage était à l'échelle humaine. Le vent s'est engouffré dans nos poumons et nos cheveux.

Certaines des pierres du *cairn* ne tenaient pas très bien et Duncan, en grimpant, en a délogé une, dérangeant une araignée à longues pattes. Le petit a hésité un instant, puis, délibérément, sans me laisser le temps de l'arrêter, il a fait rouler la pierre, après quoi il l'a soulevée. L'araignée était encore vivante, mais trois de ses pattes étaient écrasées contre la roche. Les cinq autres s'agitaient désespérément pour courir dans l'air vide.

***

L'infirmière venue vider la seringue pleine de sérum physiologique et d'antibiotiques dans le petit cathéter fixé au poignet de Phil avait fait ce geste si souvent qu'elle avait à peine besoin de regarder ce qu'elle faisait. Déjà les antibiotiques faisaient leur effet et détruisaient les bactéries en masse. Elle parlait gentiment de livres et de ce que Phil était en train de lire. Car il se sentait assez bien pour lire, à présent. Pour sa part, elle venait de terminer *La Mandoline du capitaine Corelli*. Tout en vidant sa seringue, elle regardait par-dessus son épaule pour plaisanter avec la joviale aide-soignante qui avait apporté le thé.

Faites donc attention ! avais-je envie de lui dire, même si ce n'était pas vraiment nécessaire. Tenez, laissez-moi donc faire. C'est moi qui vais vaincre l'infection. J'y mettrai toute mon attention. Ce sera une espèce de prière, si vous voulez.

Le lit auprès duquel la femme avait lu son livre de poche et où son mari était mort était de nouveau occupé. Le malade décharné, atteint de drépanocytose, avait reçu la visite de sa petite-fille, mais celle-ci était encore toute petite et il avait fallu l'emmener, hurlante, loin des poches de sang, des tubes, des gens chauves, des radios et des aiguilles.

Le dimanche, nous sommes allés, *en famille*[1], récupérer Phil. Six jours d'antibiotiques par perfusion intraveineuse avaient eu raison de l'infection. Son taux de globules rouges remontait. Il avait été atteint, à ce qu'on lui disait, d'une cryoglobulinémie. Lentement, nous avons accompagné Phil le long du couloir qui nous mènerait jusqu'au centre commercial et à l'entrée de l'hôpital, pour regagner l'air du monde extérieur. Les enfants bondissaient comme des cabris, réclamant à leur père une attention qu'il n'était pas encore assez bien remis pour leur accorder. En passant devant la fenêtre, ils lui ont dit : « Papa, on a quelque chose à te montrer. Regarde !

– C'est quoi ?

– Un oiseau mort ! »

Sa cage thoracique béait. Des corneilles noires, ou autre chose, avaient dévoré la chair de son poitrail, de ses côtes, de ses poumons.

1. En français dans le texte.

***

« Tu as eu de la veine, ai-je dit à ma mère, de survivre à une pneumonie quand tu étais si petite et qu'il n'y avait pas d'antibiotiques. » Elle a opiné.

« Je me rappelle encore l'odeur des cataplasmes. J'étais si faible qu'il a fallu me ramener à la maison dans un landau. »

Et s'il avait fallu la ramener à la maison à l'intérieur d'une boîte, rien de tout cela ne serait arrivé. Sa vie à elle n'aurait pas été vécue, ni par conséquent celles de ma sœur, de mon frère et la mienne, non plus que celles des filles de mon frère, ainsi que de ma propre fille et de mon propre fils.

Voilà qui est impensable : on n'arrive pas à s'imaginer hors du monde, comme d'autres l'ont déjà noté. Quand nous nous imaginons morts, c'est ce qu'on appelle un oxymore, n'est-ce pas ?

***

En écrivant ces lignes, j'avais eu envie d'aller revoir les toiles d'araignée. Je ne les avais plus remarquées avec autant d'intensité depuis lors. Ni les toiles d'araignée, ni rien d'autre d'ailleurs. Je suis allée jusqu'à la porte et j'ai levé les yeux vers la gouttière, mais les toiles étaient difficiles à distinguer dans la lumière plate de l'après-midi. Je voyais bien, cependant, qu'elles étaient déchirées et que des graines d'osier fleuri y étaient accrochées. Nous avions eu nos premiers gels. Peut-être les araignées hibernaient-elles.

Ça hiberne, les araignées ? Je suis rentrée dans la maison, afin de vérifier la chose dans ma propre encyclopédie. L'article avait été rédigé par quelqu'un qui, de toute évidence, adorait les araignées, quelqu'un qui avait dû passer des heures à les regarder, les observer, les surveiller, elles et leur existence délicieusement solitaire. Les jeunes éclosent, puis se dispersent « en grimpant sur un endroit en surplomb, puis en tissant un fil de soie et en attendant que le vent s'en empare pour les emporter. »

Marques

À l'autre bout du champ, une longue butte avait la forme d'une miche de pain. Le champ était de ce vert qui suit immédiatement la fauche, mais le monticule, parce que ses herbes n'avaient pas été dérangées, était de couleur brunâtre. Il n'était pas bien haut, quatre mètres tout au plus, et dans le fond s'élevait un unique arbre. Derrière, ombragée par des chênes et des bouleaux, coulait la rivière.

Un fantôme de piste, un semblant, pas davantage, permettait de traverser le champ et de gravir la butte, puis se perdait à côté d'une zone de roche dénudée, de la taille d'une table. Des herbes, lourdes de graines, s'étaient répandues sur la roche nue, comme des cheveux en travers d'un front, et je me suis agenouillée pour les écarter d'un revers de main.

Même alors, j'ai eu, de prime abord, du mal à voir les marques, tant elles étaient anciennes et usées par les intempéries. Un soleil hivernal, projetant ses ombres, m'aurait été d'un grand secours, ou bien une récente averse qui aurait empli chaque creux d'un petit peu d'eau. Car c'étaient des creux, plutôt que des marques, des creux peu profonds – on pouvait y enfoncer le bout des doigts, comme dans un pot de crème de beauté, bien que la roche fût rugueuse et grenue au toucher. Il y avait plus de quarante marques sur ce seul affleurement rocheux et sur l'autre flanc de la butte, vers l'est, il y avait bien quatre ou cinq zones pareillement dénudées, toutes couvertes de marques.

Ces marques portent le nom de cupules, c'est-à-dire petites coupes, ou parfois cupules et anneaux, mais les coupes et les anneaux sont des objets usuels tout à fait banals, alors que les marques en question ne semblaient rien avoir d'ordinaire. Elles semblaient plutôt éparpillées à la surface de la roche, comme une vilaine éruption d'acné, assez inquiétante et à soigner d'urgence. Je ne savais qu'en penser et, à vrai dire, je me sentais un peu gourde, accroupie dans ce champ, si bien que je me suis abandonnée aux rêvasseries de rigueur, concernant la main du néolithique qui avait laissé ces traces, voici plusieurs milliers d'années : quelle était leur fonction, me suis-je demandé, pourquoi les avoir formées ? Que signifiaient-elles, à supposer d'ailleurs que « signifiaient » fût vraiment le mot *ad hoc* ? Les cupules proprement dites ne fournissaient aucun indice, se contentant d'exister au soleil. Aussi, faute d'avoir mieux à faire, j'ai posé une page de mon calepin sur l'une d'entre elles et j'en ai relevé le contour. À la surface de la roche, elles paraissaient presque cosmologiques. Sur ma page, en revanche, on aurait dit un œuf au plat.

On était au début du mois d'août, le soleil était intense. Les cupules avaient fait office de digression, je les avais remarquées sur une carte d'état-major, et je craignais, en m'attardant davantage, d'avoir trop chaud pour me hisser jusqu'au but que je m'étais fixé, plus haut dans les collines. Donc, j'ai regagné la route, je suis passée devant une ferme flanquée de deux granges en métal et j'ai trouvé la piste indiquée sur la carte, qui, le long d'une série de lacets serpentant vers le haut, au milieu des fougères, permettait de s'élever de deux ou trois centaines de mètres. Au bout d'une heure de marche, j'étais en mesure de baisser les yeux vers un bosquet qui indiquait le cours de la rivière à travers la longue vallée, vers les prairies plates et jaunes après la fauche et vers le monticule aux pierres à cupules. Les hautes collines qui s'élevaient à l'extrémité de la vallée avaient cet aspect semi-comateux qu'elles prennent sous une forte chaleur et l'escalade était pénible. Par deux fois, un lézard m'a filé entre les pieds, mais les oiseaux ne bougeaient guère. Seuls quelques nuages dodus dérivaient dans le ciel, quelques moutons paissaient dans les fougères.

Finalement, le chemin s'est amenuisé au point de n'être plus qu'une piste pour les moutons, puis il a contourné le flanc de la colline et il est descendu dans un petit ravin où un ruisseau dégringolait en cascades sur les rochers. Je suis partie vers l'amont, tournant à présent le dos à la partie inférieure de la vallée pour me diriger vers les hauteurs. Au bord de l'eau se dressait un seul arbre, un vieux bouleau argenté, auprès duquel batifolaient deux hétérocères grisâtres. À mon approche, ils se sont aplatis contre l'écorce de l'arbre. Si je ne les avais pas aperçus voletant ensemble, jamais je ne les aurais remarqués sur le tronc.

Puis, j'ai dû m'aventurer à franchir le ruisseau, en sautant de rocher en rocher, avant de suivre la piste vers le haut pour quitter la gorge, et aussitôt le paysage a changé. À vrai dire, j'ai jeté un regard en arrière, mais j'avais atteint le seuil fatidique, ce point légèrement inquiétant de chaque randonnée en terrain accidenté, où, à cause d'un repli du terrain, on ne voit plus l'endroit d'où on est parti. Je ne suis pas habituée à marcher seule dans les collines. La vallée inférieure – trois cents bons mètres plus bas, avec ses arbres et ses pierres à cupules – avait disparu, remplacée par des hauteurs tapissées de bruyères. Les collines m'entouraient. Ni hautes, ni majestueuses, mais arrondies et parées de leur verte livrée d'été. Il n'y avait pas d'arbres ici, ni aucun murmure d'eau courante. Dans un brûlant silence, j'ai parcouru encore une courte distance, jusqu'à une arête peu prononcée, d'où je pouvais cette fois apercevoir l'endroit que je cherchais.

Aussi silencieuse qu'une scène de théâtre, s'étendant vers le nord sur un kilomètre et demi à peine, se trouvait une haute et parfaite vallée, dans des tons de bruns et de verts subtils. Une vallée suspendue, blottie, si l'on peut dire, dans les bras des collines environnantes. La montée avait été raide, mais maintenant le terrain se détendait, se nivelait. Au milieu de cette vallée élevée, la rivière ne se pressait pas le moins du monde. Elle avançait en décrivant de larges et lents méandres, comme une corde que l'on met en ordre. Depuis ma position élevée, sur une petite éminence qui dominait le fond de la vallée, le décor tout entier m'apparaissait comme un tableau. Non, comme une photographie.

Ce qui venait à l'esprit, bizarrement, c'étaient ces très anciens clichés des campements d'Indiens d'Amérique, avec des tipis et des chevaux au bord d'une rivière. C'était sans doute dû à l'immobilité, ainsi qu'aux nuances éteintes, presque sépia, de la bruyère et de l'herbe verte, et au sentiment d'être devant une composition équilibrée. Bien entendu, il n'y avait pas de tipis – enfin, pas précisément – et pas de vent ; voilà ce qui m'avait fait penser à de vieilles photos. Dans les collines, il y a presque toujours quelques mouvements d'air, au moins une brise, mais aujourd'hui l'air était chargé d'une chaleur calme et intense.

Partout où la rivière courait sur des pierres, elle jetait des lueurs. Là où elle allait plus lentement, elle recelait un soupçon de bleu, emprunté au ciel. Ses petites plaines inondables, les endroits situés à l'intérieur de ses méandres, étaient d'un vert pimpant et printanier. L'eau mise à part, rien ne bougeait. Au-dessus des collines, une buse est apparue, elle a plané un moment contre l'azur, puis elle est repartie dans un glissement. Vers l'est et l'ouest s'étendait une lande de bruyères, d'un brun violacé, et l'air avait une odeur d'herbes sèches. Éparpillés au milieu des bruyères, il y avait des tas de pierres, abandonnés, du moins je le supposais, par un glacier battant en retraite voici des milliers d'années. À son extrémité nord, la vallée était fermée par un pourtour plus élevé, comme un récipient peu profond. Au-delà, en montant vers la ligne de partage des eaux, on entrevoyait les flancs d'autres collines, plus loin, d'un vert ensoleillé qui semblait vous faire signe. Mais elles étaient très éloignées. De cette gracieuse vallée, calfeutrée et parfaite, émanait le sentiment que l'on éprouve devant les paysages paisibles, celui d'un grand âge porté avec jeunesse.

Mais alors, tandis que je me tenais là, ruminant ces pensées grandioses, quelque chose a bougé dans la vallée et mon cœur a fait une embardée. J'ai cru d'abord que c'était un homme, un randonneur solitaire ou un berger. La présence d'un homme ne m'aurait guère surprise. Celle d'une femme, marchant seule, si. Mon premier instinct – je ne sais pourquoi – a été de me cacher, comme les hétérocères, mais je me détachais contre le ciel, visible pour quiconque me regardait d'en bas. Donc, au lieu de me cacher, j'ai porté mes jumelles à mes yeux et effectué la mise au point – mais ce n'était qu'une vache, à la robe grise et luisante, qui pataugeait dans la rivière. J'ai baissé mes jumelles et je me suis assise sur un rocher.

La vérité, qu'il y eût ou non de brusques mouvements, c'est que j'étais mal à l'aise parce que déroutée. Comme je l'ai dit, je n'étais pas habituée à aller me promener seule dans les collines et je me sentais donc un peu vulnérable, mais surtout j'étais venue en quête de quelque chose de bien particulier et je ne le voyais pas. La ravissante vallée s'étalait devant moi, mais il n'y avait rien à y voir. Tirant la carte de mon sac à dos, j'ai vérifié encore une fois. M'étais-je carrément trompée de *glen*[1] ? Mais non, là, je voyais le sentier, là, la profonde gorge ou *cleugh*, où la rivière dégringolait. Je pouvais poser mon propre pouce sur le dessin des courbes de niveau, qui faisait justement penser à l'empreinte d'un pouce : courbes serrées pour le ravin, puis la ligne des trois cents mètres qui s'adoucissait et s'espaçait en pénétrant dans la vallée. La carte, cependant, indiquait « *shielings* ». Avec insistance – *shielings*, *shielings*, le *glen* regorgeait de petits carrés bruns. La carte sur les genoux, j'ai examiné la vallée elle-même, posée devant moi comme une vaste assiette, je l'ai scrutée d'ouest en est : partant des sommets, je voyais leurs flancs latéraux, la bruyère et les tas de pierres, la rivière étincelante, les collines plus lointaines, là-bas. Rien de ce que j'avais sous les yeux ne ressemblait à un *shieling*.

Les tas de pierres. Je ne sais trop comment, la vache dans la rivière avait aidé mon cerveau à s'ajuster à l'échelle des lieux. Le petit sentier épisodique était de nouveau sous

1. En Écosse, un *glen* est une petite vallée étroite et encaissée.

mes pieds – je commençais à compter sur son apparition chaque fois que j'en aurais besoin –, donc je me suis levée, j'ai passé les bras dans les bretelles de mon sac à dos et j'ai repris ma route.

Le sentier – peut-être bien séculaire – filait à travers la bruyère qui me montait au genou, dévalait une pente, traversait un tout petit ruisseau et s'élevait en direction d'une bosse verdoyante. Verdoyante parce qu'elle était tapissée non pas de bruyère, mais d'une herbe courte d'un ton éclatant. En haut de cette bosse, il y avait l'extrémité d'un pignon. C'était ça, mon tas de pierres. C'était une petite et humble construction en pierre sèche, pas plus grande que moi, dont l'épaisseur atteignait la longueur de mon bras. En fait, il y avait deux petits pignons, reliés par des murs bas, très éboulés. Les pierres – de la simple pierraille ramassée dans les champs alentour – avaient été mises en place à la main et elles étaient à présent toutes tombées, couvertes d'un épais manteau de lichen et de mousse veloutée, ainsi que de touffes de laine des moutons venus s'y abriter du vent. Le petit édifice n'avait pas du tout de toit, ce n'était en réalité qu'un grossier rectangle de pierres, entourant une parcelle de terre de lande. De nombreuses années s'étaient écoulées depuis qu'il avait été utilisé pour la dernière fois et désormais, il était en passe d'être de nouveau englouti sous la terre.

Un trou dans le mur indiquait l'emplacement de la porte ; je suis donc entrée et, ce faisant, je me suis aperçue que je saluais de la tête la maîtresse de maison, ce qui était au fond assez sot. Inutile de dire qu'il n'y avait personne à l'intérieur, lequel était très exigu, mesurant peut-être trois ou quatre mètres de bout en bout ; ce n'était rien d'autre qu'une petite ruine plutôt ordinaire, dans un *glen* vide.

La vue, en revanche, était ravissante. Du fait que cette cahute se trouvait un peu plus haut à flanc de colline, sise avec une dignité presque royale au sommet de sa bosse verdoyante, la scène tout entière se déployait sous mes yeux en silence, telle une photographie. Ce n'était pas un panorama grandiose de sommets et de crêtes, mais un endroit circonscrit, quasi domestiqué et serein. Maintenant que mon œil était accoutumé, je discernais les autres *shielings*. Les bosses vertes vendaient la mèche, et j'ai compté – comme m'y avait prédisposée la carte – d'abord une, puis une autre humble cabane, jusqu'au moment où j'en ai eu dénombré quatorze, avec en prime un petit assemblage de champs, quelques ondulations sur le sol, rien de plus. Il y avait sept ou huit cahutes disséminées au bord de la rivière, formant non pas une rue, elles étaient trop éloignées les unes des autres, mais l'idée d'une rue, d'un voisinage.

Je me suis adossée au coin intérieur ensoleillé et, tout en me demandant à quand remontait la dernière occasion qu'avait eue une femme de consommer un repas dans ce petit abri, j'ai sorti mes sandwichs et mon Thermos. Peut-être l'ordinaire de celle qui m'avait précédée se composait-il de *bannocks*, ou gâteaux d'avoine, et de petit-lait. Puis, m'étant sustentée, j'ai tourné mon visage vers le soleil et fermé les yeux.

Les *shielings*, et les terrains où ils se trouvaient, étaient les hauts pâturages d'été, les lieux où l'on emmenait le bétail se nourrir d'herbe nouvelle pendant quelques semaines, au plus fort de l'été. Le mot est utilisé aussi bien pour le terrain proprement dit que pour les abris que les paysans construisaient pour y passer l'estive. Cette transhumance était une très ancienne coutume. Les hommes qui avaient creusé les cupules et les anneaux savaient sans doute que cet endroit était un riche pâturage; peut-être était-ce pour cette raison qu'ils y étaient restés. L'estive s'est pratiquée pendant très longtemps. Récemment, j'ai rencontré un originaire des Hébrides qui venait tout juste de franchir le seuil de la soixantaine. Cet homme, un ingénieur qui avait travaillé dans le monde entier, qui s'intéressait au jazz et aux beaux-arts, m'a confié qu'il avait été emmené, tout bébé, jusqu'aux *shielings*, dans un panier que sa grand-mère portait sur son dos. Ici, toutefois, dans le centre de la région des Highlands, cette pratique était déjà révolue à l'époque des Améliorations de la révolution agricole, dans la seconde moitié du XVIIIe siècle.

Le plus fort de l'été, le temps du bien-être et de l'abondance. Les paysans arrivaient depuis leurs fermes des basses-terres, vers le début du mois de juillet – « les jeunes filles remontaient la vallée en riant », comme dit le poème – pour repartir au moment de la moisson.

Dans les hautes-terres, la traite des vaches et la fabrication du beurre et du fromage étaient le travail des femmes. Quelle perte nous avons subie, nous semble-t-il à présent : une époque où les femmes avaient leur place garantie dans le vaste paysage, notre propre place en haut des collines. J'avais pris la vache grise pour un homme. Comme je l'ai dit, la présence d'une autre femme dans cette vallée m'aurait surprise.

J'ai somnolé au soleil jusqu'au moment où j'ai été réveillée par un mouvement presque imperceptible. Un troglodyte avait surgi d'une anfractuosité du pignon et happé au vol une tipule. Tandis que l'insecte gigotait dans son bec, il est retourné se glisser parmi les pierres. Je me suis ébrouée et j'ai repris ma route.

Étant donné la tiédeur de cette journée, qui serait longue, compte tenu aussi du fait que cette vallée était si loin de tout et si agréable, je me suis fixé comme tâche de visiter chacun des vieux *shielings* et de faire du porte-à-porte, comme un colporteur d'antan. Le petit sentier les reliait, d'une bosse verdoyante à la suivante, et chacun se trouvait à portée de voix de la cabane voisine. Mais il n'y avait personne dedans, à présent : pas un homme, pas une femme, pas un enfant ; rien que cette vache grise, dont j'apercevais deux ou trois congénères un peu plus haut, à flanc de colline. Un de ces jours, assez proche sans doute, quelqu'un monterait de la grande ferme dans la vallée, afin de les rassembler et de les faire redescendre, et ce serait fini jusqu'à l'année suivante.

***

Le terrain qui bordait la rivière était humide et une belle herbe verte tapissait les petites plaines inondables. Il y avait là un cercle de pierres, peut-être un *fank* – un enclos – pour les veaux, et quelques constructions si anciennes qu'elles n'étaient plus que de simples renflements de mousse épaisse. La présence silencieuse des *shielings* se prolongeait dans la vallée. En remontant la rivière vers l'amont, je me suis arrêtée pour m'introduire dans la première cahute, puis dans la seconde.

Bien qu'elles fussent toutes bâties avec les mêmes pierres rugueuses et pointues, chacune différait légèrement des autres. Celle-ci était proche de la rivière – ses occupants n'avaient pas dû manquer d'eau – et il y avait à côté de la porte un bloc de quartz brillant où le soleil se reflétait. Quelques-unes des cabanes avaient été partagées en deux pièces minuscules et, dans celles où la cloison intérieure était encore intacte, la porte était si basse que j'ai dû laisser mon petit sac à dos dans la première pièce et me faufiler dans l'autre à quatre pattes. Dans certaines habitations, il y avait des niches creusées dans les murs, des endroits bien frais pour y laisser reposer le beurre ou le fromage. Chacune, cependant, avait lentement acquis sa propre parure de lichen et de mousse ornée de minuscules perles rouges, et les pierres avaient glissé, une à une.

Jamais ces cabanes n'avaient été construites pour durer, elles avaient toujours dû être soumises à des réparations et des reconstructions continues. Ce qui persistait davantage, qui marquait le paysage de la vallée avec plus de force, c'étaient les buttes verdoyantes qu'elles avaient créées autour d'elles, chacune la sienne. Pourquoi, je n'en sais rien ; peut-être une longue fertilisation du terrain foulé aux pieds par des veaux attachés à la longe, ou bien par l'urine. Quoi qu'il en soit, le phénomène a duré jusqu'à nos jours. Deux siècles plus tard, les *shielings* étaient en ruine, mais l'herbe n'avait pas oublié d'être verte.

Des femmes et des enfants, des jeunes gens qui se faisaient les yeux doux. La vallée devait sentir le fumier de vache, la fumée de tourbe. Peut-être ces gens convoyaient-ils aussi leurs poules, en même temps que leur bétail. L'endroit devait être bruyant. Les hommes trouvaient sûrement de bonnes excuses pour y monter depuis les fermes, tout en bas. Le ministre du culte, revêche, le sermon aux lèvres, ne s'y trouvait pas, les journées étaient chaudes, les nuits d'été bien claires. Plus tard, une native de la région m'a dit : « Ah, il existe tant de chansons en gaélique concernant les *shielings*. »

J'ai erré de cabane en cabane, jusqu'en haut de la vallée, sans rencontrer âme qui vive de la journée, pas un homme, ni une femme, ni un enfant, bien qu'il fasse chaud et que ce soient les vacances, bien que la ville la plus proche, à l'extrémité du *loch*, à six ou sept kilomètres seulement à vol d'oiseau, soit un lieu de villégiature. Son camping était bondé et l'auberge de jeunesse débordait de randonneurs.

Les longues vacances d'été – c'est sûrement un vestige des temps pastoraux, une dernière trace attardée de la transhumance, à l'époque où femmes et enfants partaient dans les collines, poussant le bétail devant eux. Et qu'est donc une caravane, sinon une cabane de *shieling* montée sur roues ? Mais, je l'ai déjà dit, si vous vous tenez à l'écart des sommets, vous pouvez vagabonder toute la sainte journée sans rencontrer un seul adulte. Quant à imaginer un enfant escaladant les collines… Alors là, jamais.

***

L'après-midi, je suis passée de l'autre côté de l'enclos que formaient les terres du *shieling* pour continuer ma grimpette jusqu'à la ligne de partage des eaux. Endroits difficiles à négocier que ces limites entre deux bassins versants. Le terrain est accidenté, avec des creux marécageux et de brusques saillies, là où la pluie et la fonte des neiges ruisselant du haut des collines hésitent, s'étalent et forment des mares peu engageantes, avant de trouver leur direction, tels des ados à un arrêt d'autobus. En remontant vers sa source, la rivière était une veine sombre. Un cincle plongeur, surpris au milieu de ses occupations solitaires, a décollé, volant bas et vite au-dessus de la lande. À présent, le ciel se couvrait et il était tentant de continuer plus loin et de descendre dans la prochaine vallée, parce que l'air s'était rafraîchi. Plus haut, dans des vallées latérales, se dessinaient les bosses verdoyantes d'une nouvelle série de *shielings* abandonnés.

Des pierres à cupules aux *shielings* abandonnés ; on aurait dit qu'au cours d'une seule journée et par hasard, j'avais trouvé les vestiges du commencement et de la fin d'existences vécues directement sur le terrain. La chose m'a sauté aux yeux quand j'ai jeté un coup d'œil à mon calepin. Là, sur une page, se trouvait l'œuf au plat résultant du tracé de la cupule, et à la page suivante quelques notes sur les cabanes abandonnées deux cents ans auparavant. Quatre ou cinq mille ans d'existence humaine, quelques marques sur un morceau de papier.

Il peut arriver d'entendre dire que cette région est « naturelle » ou « sauvage » – on a même utilisé le mot « désert » – et s'il est vrai qu'il y a en Écosse, au nord et à l'ouest d'ici, des zones très peu peuplées, le mot « désert » fait l'effet d'un affront envers les nombreuses générations qui ont tiré leur subsistance de cette terre. Que leur départ leur ait été imposé ou que ce mode de vie soit tout simplement tombé en désuétude, elles ont laissé des traces subtiles. Et qu'entend-on par « naturel » ? Nous sommes obligés de replanter les forêts que nous avons supprimées, on parle même de réintroduire ce prédateur naturel qu'est le loup.

La ligne de partage des eaux n'était qu'à mi-chemin des sommets des collines les plus élevées, mais l'air avait déjà un avant-goût d'automne. Quand le soleil ne brillait plus, l'absence d'arbres donnait au paysage un aspect affûté et hivernal. Cinq cents mètres plus bas, à l'endroit où se trouvaient les pierres à cupules, les arbres étaient encore dans toute leur luxuriante plénitude estivale, mais du côté des *shielings*, on sentait un changement dans l'air. Les paysans montés pour l'estive auraient commencé à ranger leurs pots et leurs marmites, à démanteler les planches des toits et à faire redescendre le bétail pour les dix mois suivants. Une fois l'été fini, on avait besoin de tous les bras disponibles pour la moisson.

Je suis redescendue, à travers cette vallée pleine de grâce – pour un peu, j'aurais parlé de grâce juvénile – avec sa rivière et son herbe verte, ses ruines moussues que la terre était en passe d'engloutir, son atmosphère d'abandon serein. Au fond de la gorge, j'ai revu l'unique bouleau argenté. Je m'y suis arrêtée pour boire et me passer un peu d'eau sur le visage, mais j'ai eu beau chercher des yeux les deux hétérocères qui y batifolaient, ils n'étaient nulle part.

Surgeons' Hall
ou l'école de chirurgie

Le bras pend, mollement, les doigts de la main sont légèrement repliés vers la paume – une habitude qui nous relie aux grands singes, nos ancêtres, à ce qu'il paraît. À cause des poils, je pense que c'est un bras d'homme, il a été coupé juste au-dessous du coude. Il m'a fait un choc, ce bras. Je regardais autre chose, mais alors, invitée à examiner ce bras sectionné, je m'agenouille sur le plancher ciré pour le faire. Il repose, parfaitement immobile, dans un bocal en verre rectangulaire. On pourrait lui dire la bonne aventure tant la ligne de vie et la ligne de cœur sont nettes ; les ongles sont juste un peu trop longs. Peut-être ont-ils continué de pousser après la mort.

Le tout est teinté d'une faible nuance de rouille. La chair de l'avant-bras, cependant, est décomposée et parsemée de tumeurs cancéreuses. Collée au bocal, une étiquette porte quelques mots, mal tapés sur une machine à écrire révolue. On peut lire ce texte concis : « Bras de travailleur de la paraffine. 1936. »

Le bocal se dresse, silencieux, sur une étagère blanche, au milieu d'une rangée d'autres bocaux, dans lesquels on peut voir d'autres échantillons ou pièces. Il y en a une salle entière, avec un second étage en mezzanine où sur un surcroît d'étagères d'autres bocaux scellés contiennent d'autres objets en suspension. La salle est éclairée par une lumière du jour tamisée qui tombe équitablement à la fois des lucarnes en verre dépoli et des fenêtres masquées par des stores de couleur pâle. Au-delà de ces fenêtres existe un monde où c'est l'automne. On entend presque la circulation urbaine, à l'occasion un cri ou une porte qui se ferme ailleurs dans les locaux de l'école. À l'intérieur de la salle, toutefois, les multiples rangées de bocaux ne connaissent pas les saisons, ni la circulation, ni la hâte.

***

L'intervention chimique qui interrompt le processus naturel de la décomposition s'appelle la « fixation ». Une fois fixé, un échantillon peut être conservé très longtemps. Les plus anciens de la salle sont dans leurs bocaux depuis deux cents ans et sont regroupés dans un lieu privilégié. Ils se trouvent dans la mezzanine, face aux portes principales. Dans ces bocaux, préservés dans des fluides visqueux, couleur de nicotine, sont exposés des objets qui pourraient être des fruits, mais au fond de son cœur on sait pertinemment qu'il n'en est rien.

Au niveau principal du Playfair Hall, chacune des enclaves est consacrée à une partie du corps particulière ou à un type de maladie. C'est ainsi que des échantillons prélevés sur des seins cancéreux font face, comme pour une danse timide, à ceux provenant de testicules cancéreux. Une étiquette précise la maladie, la date et le nom du médecin qui a fait don de l'échantillon. Toute trace du sang et de sa couleur a disparu et les objets que l'on voit n'offrent plus que des nuances pâlichonnes de beige. Voici, nous annonce l'étiquette, un sein atteint de la maladie de Paget. La pièce, en suspension dans sa solution, ne ressemble pas au sein d'une femme, ni même à une partie d'un sein. On dirait un noyau de mangue. À quelques pas d'elle, on peut voir des bocaux contenant des morceaux de testicules. Dans l'un d'eux – le verre fait un peu loupe et quelques poils pubiens sortent encore de l'épiderme – d'innombrables couches de peau et de tissu sous-cutané ont été proprement tranchées pour révéler une tumeur. Les couches que le scalpel a écartées sont si minces et offrent un tel dégradé de couleurs qu'on croirait voir les dessins d'une agate polie. Dans un autre bocal, il y a des cailloux si lisses qu'on serait tout content de les ramasser sur une plage et de les garder dans sa poche, mais ils sont exposés à l'intérieur d'un conduit urinaire. Il y a une pâle tranche de rein. L'étiquette, toujours martelée sur la même machine à écrire, indique: « Inhalation de gaz pendant la guerre ».

Depuis deux, voire peut-être trois heures, je contemple en silence ces échantillons dans leurs bocaux, jouissant du privilège d'être seule, passant d'une étagère à la suivante dans la lumière calme. Les étagères sont basses; pour étudier les échantillons, il faut souvent se pencher ou s'agenouiller, comme on le fait devant un enfant qui s'est blessé au genou. À moins de porter à l'anatomie un intérêt professionnel, il est possible que les seuls corps humains que vous avez intimement connus soient ceux d'amants ou d'enfants. Le geste consistant à scruter directement, sans se presser, aura été jusqu'à présent un geste d'amour. C'est peut-être pour cette raison, ou peut-être parce que, si l'on nous en donne l'occasion, nous compatissons à toutes les souffrances de l'humanité, qu'un sein malade, un rein prélevé sur le corps d'un homme gazé sur le front occidental, éveillent en nous la même tendresse sans mélange.

Devant certaines étagères, comme je l'ai dit, il faut se pencher pour regarder de près, sans savoir ce qui va vous tomber sous les yeux. L'objet sera pâle et étrange et pourra très bien être d'une grande beauté. Il incarnera la catastrophe et la mort de quelqu'un. Voici un fémur auquel est attaché un kyste de la taille d'un nid de guêpes. Là, c'est une prune pourrie, comme celle que nous retirons de nos arbres tous les ans, mais il s'agit d'un doigt humain. Sur une étagère très basse, une rangée de ballons, si lisses qu'on les croirait vernis : ce sont des crânes d'hydrocéphales. À force de me pencher ainsi pour examiner les pièces, je pense aux *Désastres de la guerre* de Goya, dessinés si petits qu'il faut approcher ses yeux très près pour tout distinguer. Les minuscules légendes que Goya a attachées à ses images me reviennent en tête. « On ne peut pas regarder ça. » « Voilà la vérité. » « Tu es né pour ça. »

***

Nous connaissons certains noms. Ceux des deux hommes dont les collections de pièces anatomiques ont constitué le fonds de ce musée. Le Dr John Barclay était un anatomiste d'Édimbourg, qui enseignait non loin d'ici et qui, en 1821, fit don de sa collection d'anatomie comparée au Royal College of Surgeons, c'est-à-dire à l'école de chirurgie. Et aussi Sir Charles Bell, dont la collection d'anatomie pathologique fut achetée à Londres en 1825, expédiée vers le nord, puis emportée à bord d'une prolonge d'artillerie de Leith au Surgeons' Hall. D'autres médecins, plus récents, ont contribué à cette collection. Nous connaissons donc ces noms et aussi celui de l'architecte chargé de concevoir le Surgeons' Hall et, à l'intérieur de celui-ci, la salle où ces collections anatomiques devaient être logées. Cet architecte n'était autre que William Playfair, responsable d'une grande partie de la grandeur néoclassique d'Édimbourg. En conséquence de quoi la salle en question porte le nom de Playfair Hall et, à l'instar des échantillons qu'elle contient, on peut dire qu'elle est « fixée ». Ses proportions ne dérogent pas aux vérités invariables des mathématiques. Nous connaissons les noms et les actes de ces hommes, et des nombreux autres hommes morts depuis longtemps dont les visages sont fixés par la peinture à l'huile et dont les portraits ornent les couloirs et les pièces de réception du Surgeons' Hall. En revanche, les noms de la défunte tribu, dont une partie des restes mortels est exposée ici, dans des bocaux de verre, nous ne les connaissons pas.

Difficile de savoir à quoi ressemblaient Barclay ou Bell en se fondant sur leurs collections, difficile de se faire la moindre opinion en contemplant, sans plus, ces objets qu'ils avaient assemblés autour d'eux. Le Dr Barclay était un homme capable de prendre un minuscule scalpel et d'écorcher, avec la plus grande délicatesse, le cadavre d'un petit enfant, jusqu'à ce qu'il ne reste plus rien de lui que les artères et les veines, allant et venant entre leurs différentes origines et destinations. Le résultat de ce travail est exposé dans une vitrine. Autour du petit squelette les vaisseaux sanguins grouillent non sans raideur, et la dépouille a les bras levés, comme pour jouer. Pendant quelque temps, dans cette salle pleine d'objets immobiles en suspension, nous devons, quant à nous, suspendre notre jugement.

William Playfair, toutefois, a mis de l'intelligence et de la compassion dans son travail. La salle est paisible et élégante, un endroit aux belles proportions qui sont, comme on dit, « intemporelles ». Il a enchâssé dans l'édifice assez tape-à-l'œil qu'est le Royal College of Surgeons, ce lieu marqué par la symétrie et la lumière tamisée, où l'on bouge d'un pas mesuré en ruminant des pensées pleines de clarté. Sa blanche élégance et son armée de défunts passifs me rappellent les visions du paradis qui me perturbaient du temps où j'étais petite fille.

Des étagères et des vitrines aux pieds galbés forment une longue rangée dans la vaste allée centrale de la salle. Dans l'une d'elles, on peut voir un récipient de la taille d'une boîte d'allumettes. Il est en galuchat vert et contient des lancettes – de minuscules lames conçues pour ouvrir les veines. Il y a des cuvettes en porcelaine décorées de fleurs, dans lesquels le sang des patients s'écoulait. Les vitrines exposent leur contenu sous verre et illustrent ainsi une distinction que William Playfair avait dû considérer avec soin : être montré à des fins d'exposition ou être logé à titre d'échantillon. Ceux-ci, les vestiges humains, ne sont pas présentés dans les vitrines tarabiscotées. Ils sont relégués sur les étagères blanches sans fioritures.

Pas de luxe inconsidéré à la Frankenstein, donc, et, en dehors d'un vague et agréable parfum d'huile, que je reconnais à moitié pour l'avoir reniflé dans l'atelier de menuiserie de mon mari, pas d'odeur non plus, surtout pas celle du formol côtoyée dans le laboratoire de mon lycée. Peut-être s'agit-il de l'odeur de la cire appliquée aux vitrines ou au parquet impeccable. À l'exception de mes propres pas, au ralenti, de ma propre respiration parfois longtemps retenue, il n'y a pour ainsi dire pas un bruit non plus.

Un peu plus tard dans l'après-midi, il y en aura, car un examen doit avoir lieu dans la salle de réception, juste à côté. C'est une salle grandiose. La lumière tombe d'une coupole, des pâtisseries en plâtre décorent les murs, des architraves surchargées ornent les hautes fenêtres et des portraits d'hommes, aux immenses perruques bouclées, sont accrochés un peu partout. Aujourd'hui, la salle abrite des bureaux et des sièges. Toutefois, si nombreuses sont les personnes souhaitant faire carrière dans la chirurgie que les portes qui, d'ordinaire, isolent le Playfair Hall de la majectueuse salle aux portraits, permettant de préserver la paix de ce sanctuaire, sont aujourd'hui maintenues en position ouverte par des crochets, car quatre ou cinq bureaux supplémentaires ont été installés dans le Playfair Hall proprement dit. Sans le savoir encore, un candidat ou une candidate est destiné(e) à s'asseoir derrière le bureau le plus éloigné. Il ou elle sera par conséquent assis à côté d'une vitrine et aura pour compagnons, alignés à hauteur de genou, neuf squelettes d'embryon. Le premier est un objet d'une flaccidité féerique, presque translucide, mais peu à peu ils grandissent. Chacun a été disposé en position debout, comme au garde-à-vous, attitude que n'a jamais adoptée aucun embryon, leurs os sont noirs et leurs orbites vides paraissent gigantesques dans la boîte crânienne. L'un d'eux, celui de quatre mois, se tient les mains croisées devant le bas-ventre. Les os des doigts sont aussi fins que des épingles de couturière. Je m'interroge sur le candidat qui devra s'asseoir ici, remplissant son dossier.

Les feuilles des QCM sont déjà disposées sur les bureaux. Il y aura beaucoup de questions à aborder, mais seulement deux réponses possibles. Vrai ou faux.

***

« Nous sommes les oies qui (après que les faucheurs et glaneurs sont passés par là) parviennent quand même à ramasser quelques grains… et se dandinent jusque chez elles le soir, les pauvrettes, cancanant de joie de ne pas rentrer bredouilles. » Voilà ce qu'a écrit le Dr Barclay. En parlant de faucheurs, armés de faux, il entendait désigner les premiers anatomistes de l'Europe moderne, les explorateurs et les découvreurs, ceux qui, absorbés par leur tâche, avaient creusé de plus en plus profondément dans les tissus des animaux ou des hommes, en tâtonnant, pelant, écorchant pour suivre le fil d'une artère ou d'un muscle, opérant des recoupements dans leur esprit, alors même qu'ils tranchaient avec leurs scalpels. Auprès de ses élèves, Barclay jouissait d'une solide cote de popularité et de respect ; ils préféraient ses cours à ceux, tellement plus ennuyeux, qu'on leur proposait à l'université. En homme précis qu'il était, il déplorait le vocabulaire approximatif de l'anatomie. Plusieurs fois, animé par un souci d'exactitude, il a, dans ses écrits, abordé son sujet par le biais de la métaphore. « Le corps ouvert est un pays étranger », a-t-il noté. « L'anatomie est un champ à moissonner. » Ou encore : « L'anatomie est à la médecine ce que la vue est au corps. »

Je me demande ce qu'il éprouvait vis-à-vis des objets qui composaient sa collection. Il en a fait don, à condition qu'ils soient consacrés à des visées « d'utilité professionnelle », mais y avait-il aussi une affection familiale ? Afin d'acquérir des corps humains, un anatomiste devait marchander, faire semblant de ne rien voir, s'abstenir de poser des questions. Barclay a acheté certaines de ses pièces, d'autres lui ont été offertes et d'autres encore disséquées de sa propre main. Où va-t-on se procurer la dépouille d'un enfant qui marche à peine, je me le demande.

Je me demande aussi, en passant devant les bocaux sur leurs étagères, ici une main minuscule, là un larynx en piteux état, si les premiers anatomistes considéraient leurs collections du même œil que les collectionneurs de timbres ou de jouets en tôle. Les portraits qui tapissent les couloirs du Royal College of Surgeons révèlent des visages qui sont, pour la plupart, soucieux, intelligents et vaniteux. D'ailleurs, il y a un buste en marbre de Barclay en personne, que ses élèves ont fait exécuter après sa mort, en témoignage de leur estime. On pourrait imaginer un physique cadavérique, alors qu'il ressemble plutôt à un chien animé du désir de bien faire : la tête est inclinée sur le côté, les sourcils fournis sont froncés, les lèvres entrouvertes, comme si on venait de lui poser une question et qu'il était en train de formuler intérieurement sa réponse avant de parler. Il y a donc beaucoup de visages à l'intérieur du Royal College, en énorme majorité masculins, mais si par hasard vous souhaitiez étudier un authentique visage du XIXe siècle, c'est tout à fait possible, le visage d'un homme dont la tête est conservée dans un petit bocal. Ses yeux sont placides et mi-clos à la manière de certains bouddhas, sa peau boursouflée est pâle. Pour examiner cette tête, il faut s'agenouiller.

***

Le Playfair Hall nous montre aussi des désastres de la guerre. Dans chaque embrasure des fenêtres, séparées par des colonnes, est accrochée une peinture. Le peintre n'est autre que ce Charles Bell dont la collection se trouve, avec celle de Barclay, sur les étagères qui les entourent. En 1808, il a répondu à un appel sollicitant l'aide de médecins et de chirurgiens et s'est précipité à Portsmouth où l'on débarquait, en provenance d'Espagne, des milliers de soldats, malades ou blessés à l'arme blanche ou par balle. Face aux attaques de Napoléon, ces troupes avaient été évacuées de La Corogne, et avaient ensuite subi le trajet en bateau jusqu'en Angleterre. Bell a soigné ces hommes, puis il a peint ensuite cette série de tableaux, d'après ses notes écrites et ses croquis. Ce qu'il nous montre, en utilisant une palette sombre, ce sont des jeunes hommes blessés par des armes à feu, certains à la tête, d'autres au bas-ventre ou à la cuisse. Tous nous font voir leurs blessures d'un air douloureux.

Sur la première toile, on voit un jeune garçon blessé par balle dans le haut du bras. Ses cheveux, sombres et drus, disparaissent en partie sous un bonnet. Le reste de son corps est nu jusqu'à la taille. Tête basse, l'épaule tournée vers nous, il contemple ce bras qu'il est sur le point de perdre. L'artiste et le médecin ne sont qu'un seul et même homme, tout comme le modèle et le patient. Donc, le jeune garçon présente sa blessure. Le médecin a pris des notes. Le trou qui perce le bras « peut sembler sans gravité », dit-il, mais « lorsque je sens le doigt s'enfoncer ainsi à travers l'os, je sais qu'il va falloir amputer ». Les instruments de l'amputation sont exposés dans les vitrines bien cirées. Il y a des scies étincelantes et des écarteurs. Pour une raison esthétique ou religieuse que lui seul comprenait, Bell a représenté son modèle comme s'il était isolé dans une grotte, tel saint Jean-Baptiste dans le désert. Au-delà du blessé, on aperçoit, par l'entrée de la grotte, un paysage assombri par des collines.

***

La devise du Royal College of Surgeons est « À partir d'ici, la santé ». Les chirurgiens ont un emblème étrange, une main tenant dans sa paume un œil – ce qu'on appelle « la main qui voit ». Il figure sur leurs armoiries, représentées sur un vitrail au tournant de l'escalier que les candidats vont bientôt gravir pour passer leur examen. Cette main qui voit, au centre du vitrail, en est la pièce maîtresse. Autour, on reconnaît les rasoirs ouverts des barbiers, même si cela fait des centaines d'années que les barbiers d'Édimbourg se sont enfin séparés des chirurgiens pour former leur propre confrérie. La main qui voit – elle est tranchée – nous fait face, l'œil nous regarde et au-dessous, au bout des doigts, se trouve un homme sur une table d'opération. Lui aussi est tourné de façon à faire face au spectateur, et il plane, couché sur le côté, à environ un pouce au-dessus de la table. Son expression est navrée, on peut le comprendre, et il est nu. Mais il n'a pas de parties génitales. Il s'agit d'un vitrail victorien et fût-ce dans un collège royal des chirurgiens, un lieu hanté par les pathologistes et les anatomistes, il n'était pas pensable de montrer un homme à l'état de nature. Chaque époque a ses angoisses et ses tabous. Une main, avec un œil poussant sur sa paume, un homme privé de sexe : deux échantillons d'anatomie pathologique.

***

Mais le temps passe bel et bien, même dans cet endroit « fixé ». Les techniques utilisées pour préserver changent. Au début du XXe siècle, le formol a fait son apparition. Auparavant, on utilisait un autre dérivé du méthanal, et encore plus tôt l'huile de cèdre ou de lin, ce qui explique l'épaisseur du liquide dans les bocaux les plus anciens, et peut-être aussi cette odeur légère et douceâtre – une lente évaporation. On a aussi utilisé l'eau-de-vie. Les anciens bocaux étaient scellés au moyen de bitume ou de vessies de porc, et les sceaux eux-mêmes sont en voie de lente décomposition. Dans les échantillons aussi, certains changements s'opèrent. Dans une cave voûtée, sous un immeuble voisin, sont conservées les pièces qui ne sont pas pour le moment exposées au Playfair Hall. Il y en a environ six mille en tout, confiées aux bons soins d'un responsable des collections. Andrew Cornell est un homme précis, vêtu d'une blouse blanche immaculée, qui travaille souvent seul dans son petit laboratoire souterrain. Aujourd'hui, il est occupé à ôter un pied atteint de gangrène des huiles dans lesquelles on l'avait plongé à l'origine. Une croûte noire s'est formée à la surface du liquide d'où sortent les orteils bleuâtres. La croûte est une moisissure issue d'une spore prise au piège, il y a de nombreuses années, dans le liquide original. Même dans l'atmosphère pauvre en oxygène de ce bocal scellé, tout change et croît.

***

Dans le Playfair Hall, des escaliers mènent à la mezzanine. Ils sont asymétriques, une volée de marches dans chaque coin opposé. Sur les murs de l'escalier situé au nord-est, des aquarelles représentent d'autres hommes encore, affligés de blessures de guerre ahurissantes, des soldats de Waterloo cette fois. Ces œuvres sont, elles aussi, dues à Charles Bell. Les moignons déchiquetés, là où des bras ont été emportés par des boulets, sont rendus dans des tons pastel, roses et gris. À l'étage, on peut voir des pièces témoignant de maladies pour ainsi dire éradiquées : lèpre, tuberculose de l'épine dorsale. Il y a les squelettes de deux personnes atteintes de rachitisme. Leurs jambes sont ratatinées et recroquevillées contre le corps comme les pattes d'un oiseau en vol. Penchée par-dessus la balustrade blanche, je baisse les yeux vers la salle au-dessous avec ses bocaux de désastres et de maladies arrêtés net, sa « fixité ».

Mais rien n'est vraiment « fixé ». Le monde change et avec lui les attitudes et les tabous. Ces pièces dans leurs bocaux sont mortes depuis si longtemps qu'elles ont survécu à leur fonction. Plus jamais on ne les emportera dans les amphithéâtres pour les exposer à des rangées de jeunes hommes turbulents, afin d'illustrer une démonstration, de décrire une condition médicale. Penchée pardessus la balustrade, dans la salle silencieuse, je me demande ce qu'elles deviennent, alors même qu'elles restent telles qu'elles sont.

***

Bon nombre des échantillons sont fort beaux. On pourrait prendre un des plus anciens pour un champignon à chapeau, mais il s'agit en réalité d'une belle tranche d'un rein à l'intérieur duquel le spécialiste de l'époque a introduit du mercure à des fins de conservation. Des filaments argentés de cette substance s'étalent en éventail à travers le tissu, faisant ressortir ses vaisseaux sanguins. C'est tout à fait ravissant, on pourrait en faire une broche. Si l'on garde en tête l'image du champignon, les fines veinules autour d'un rein ectopique sont identiques à du lichen desséché. Il y a des bézoards – des masses dures de matière indigeste, comme les cheveux ou la paille, que des gens ont avalée, lesquelles, au fil du temps, se sont mélangées au mucus et ont pris la forme de l'estomac, si bien qu'une fois extraites, elles ressemblent à des pêches ou à des nids d'oiseaux.

Nous considérons le monde naturel comme « extérieur », comme un « environnement », mais ces pièces dans leurs bocaux nous montrent les formes cachées à l'intérieur, l'inconnu intime, et peut-être cela sera-t-il leur nouvelle fonction. À mi-chemin entre la galerie d'art et le temple réservé aux contemplatifs laïcs. « Au milieu de cette grande cité, tu te sens éloignée de la nature, disent-elles, mais regarde donc au-dedans. »

***

Tout un enterrement néolithique, une rangée de mains minuscules, et me voici à présent occupée à examiner des jumeaux siamois. Les bocaux sont trop petits, les échantillons sont presque écrasés. Il y a vraiment trop de membres. Une de ces paires a des cheveux et elle est réunie par le thorax. Chacun n'a qu'un bras – ils sont croisés, comme s'ils s'étreignaient – et leurs bouches sont toutes proches l'une de l'autre ; « mais jamais, jamais tu ne pourras embrasser[1]. » Moi qui crois m'être peu à peu insensibilisée, devant les siamois, tout à coup, je craque, ça suffit comme ça. Ici, enfin, je veux cesser ma contemplation, empoigner le bocal et sortir les jumeaux, leur insuffler la vie, leur dire que tout va bien, que l'on est

1. Allusion à l'*Ode à une urne grecque*, de Keats.

désormais en mesure de les aider. Dans un autre bocal, à côté des siamois, il y a… comment dire, quel est le mot ? Un bout, un truc ; ces substantifs ne conviennent pas, car c'est quelque chose d'humain. Un bout de chair, de la taille d'un paquet de farine. Je distingue plus d'une bouche, des yeux, une volute d'ombilic. Ces autres jumeaux siamois me font monter les larmes aux yeux et je me détourne pour me retrouver face à un oiseau, un troglodyte, si éclatant, si délicieux, si parfait qu'on le croirait vrai.

Un troglodyte, toute une brochette de linottes sur une branche et un petit passereau qui porte le nom du peintre, *MacGillivray's Warbler*, la paruline des buissons – face aux siamois, dans leurs bocaux, se trouvent en effet les peintures de William MacGillivray, le naturaliste, conservateur de ce musée dans les années 1830. Ses tableaux des oiseaux qu'il abattait, puis peignait de façon si exquise, dans leurs couleurs naturelles, nous permettent de les voir très clairement ; ils sont saisis juste au moment de s'envoler. Grâce à ces œuvres, nous connaissons les oiseaux. Grâce aux pièces anatomiques, nous connaissons nos corps, nos maladies. Dans ce lieu où règnent le silence et le temps ralenti, on a l'impression que les jumeaux siamois s'étreignent et contemplent avec ravissement, à tout jamais, les superbes linottes et troglodytes. Ce qui, comme je me le fais remarquer à travers mes larmes, est ridicule. Mais cette activité corporelle des pleurs vient me rappeler que j'ai faim, et tout à coup le temps reprend sa route, le Playfair Hall perd son atmosphère de catastrophe immobilisée, le moment est venu de partir.

***

L'actuelle conservatrice, Dawn Kemp, est une femme sensible et intelligente. Plus tard, quand je lui demandai si elle serait favorable à l'idée d'ouvrir pleinement le musée au public, elle dit que oui. Et y a-t-il quelque chose qu'elle s'abstiendrait de montrer au public ? Oui – et elle est prête à accepter que d'aucuns prennent cela pour de « l'élitisme ». Mais chaque époque a ses angoisses, ses tabous, je l'ai dit, et ce qu'elle cacherait au public, ce serait certains des embryons anormaux. Et, de nos jours, si nous souhaitions conserver des pièces anatomiques à titre de messages aux générations futures, sur quoi se porterait l'intérêt ? Les « interventions ». Les valves artificielles, les shunts, les broches métalliques que nous portons, introduits dans notre chair vivante. Et bientôt, il y aura aussi des interventions au niveau génétique.

***

Dawn a eu la gentillesse d'accepter de déjeuner avec moi. Nous allons descendre dans la rue et nous joindre à l'essaim plein de chaleur des êtres vivants. Nous irons dans un café bondé d'étudiants, ou plutôt principalement d'étudiantes. La serveuse aura le nombril à l'air, quelqu'un allumera une cigarette et aspirera la fumée jusque dans ses poumons. J'ai des tas de choses à demander à Dawn. Comment définit-elle ces objets qu'on lui a confiés ? Que pense-t-elle des motifs et de la moralité des collectionneurs tels que le Dr Barclay ou Sir Charles Bell, et de la triste provenance des corps qu'ils disséquaient, ces anatomistes, ces « oies qui cancanaient » ? Mais avant de quitter son bureau, avec ses ordinateurs et ses livres, ses petites peintures de dissections et de la vie campagnarde, Dawn me montre encore deux choses. Une qu'elle vient de découvrir au fond d'un placard. Elle me dit : « On ne sait jamais ce qu'on peut trouver dans un endroit pareil, on ne sait vraiment pas… » Et elle me tend, pour que je l'examine, une petite boîte à bijoux bleue. Elle contient non pas une pièce d'anatomie, mais deux boucles de chaussures en argent, ornementées.

« Elles étaient à James Simpson[1]. »

Les boucles de chaussures de James Simpson ! La naissance de mon premier enfant a été difficile ; par le passé, elle aurait bien pu nous coûter la vie à tous les deux. Elle a nécessité, pour finir, les interventions de sages-femmes de plus en plus chevronnées, puis d'un anesthésiste et de deux obstétriciens. Et maintenant j'ai dans les mains les boucles de chaussures du Dr Simpson. Si j'avais été seule, je les aurais peut-être embrassées.

1. James Young Simpson (1811-1870), obstétricien écossais, fut le premier à découvrir, par hasard, les vertus anesthésiques du chloroforme et à l'utiliser lors des accouchements difficiles.

Et puis un livre, un livre sur Édimbourg dont j'ai entendu parler depuis déjà plusieurs années, mais dont j'ai fait fi, n'y voyant guère qu'une guimauve de l'époque victorienne. Dawn, cependant, me pousse à y remettre le nez, parce que ce livre, *Rab and His Friends* (Rab et ses amis), comporte la description, rare à l'époque, d'une opération chirurgicale. L'ouvrage a été publié en 1863, mais l'intrigue se situait une trentaine d'années auparavant. Son auteur, John Brown, était un médecin d'Édimbourg. Il faut savoir, toutefois, que Rab est un chien. Il compte le Dr Brown parmi ses amis, mais il appartient à un charretier du nom de James Noble. Quand Mrs Ailie Noble, souffrant atrocement en raison d'un cancer du sein, se rend dans la salle d'opération et subit une mastectomie, sous les regards des jeunes étudiants, Rab se trouve lui aussi dans la salle.

L'auteur nous rappelle qu'à l'époque, les anesthésiques n'existaient pas encore. Il faudrait attendre plusieurs années pour qu'un dentiste américain commençât à tenter des expériences avec l'éther, plusieurs années pour que le Dr Simpson, ce grand et corpulent obstétricien, l'homme aux boucles de chaussures, s'effondre de tout son long sur le parquet de sa salle à manger, sans même avoir le temps de reboucher le flacon de chloroforme posé sur sa table.

Mrs Noble s'allonge, dénude son sein. Le brouhaha des étudiants s'interrompt aussitôt. La tumeur est opérée et la patiente se relève de la table, fait une révérence au chirurgien et à ses élèves, demande qu'on veuille bien l'excuser si elle s'est mal comportée, avant de se laisser ramener chez elle, où elle ne tarde pas à mourir. Mais, comme si l'auteur sentait que le monde était en plein changement, il enchâsse, dans sa petite histoire de chien, un message aux générations futures. Il nous supplie de pardonner aux étudiants, aux jeunes gens qui gravissaient l'escalier quatre à quatre jusqu'à la salle d'opération, qui se bousculaient pour mieux voir le drame qui allait se dérouler devant eux. Il dit : « Ne les croyez pas sans cœur… Ils parviennent à dominer l'horreur que leur inspire leur profession pour s'absorber dans leur véritable travail, et chez eux la pitié en tant qu'émotion destinée à être une fin en soi, ou en tout cas à finir par des larmes et une longue inspiration, diminue – tandis que la pitié en tant que raison d'être s'éveille et devient plus forte et mieux dirigée. Et il est bon pour la pauvre nature humaine qu'il en soit ainsi. »

Horizons

Un après-midi, en novembre dernier, je traversais Charlotte Square, et en levant les yeux, par hasard, j'ai aperçu une comète. Charlotte Square est le fin du fin en matière d'élégante architecture géorgienne, mais au cours des après-midi de novembre, on ne peut pas dire que l'endroit grouille de monde. La seule note un peu louche était fournie par deux coursiers à bicyclette, qui flemmardaient sous le portique de West Register House, les Archives nationales d'Écosse, en attendant leur prochain boulot. Je ne me rappelle plus ce que je faisais là, n'ayant aucune raison de rendre visite à des avocats ni à des compagnies d'assurances, mais depuis les larges trottoirs j'ai levé les yeux, par hasard comme je l'ai dit, et là, entre les cheminées et les coupoles, j'ai vu cette superbe comète en laiton, une sphère brillante traînant une queue profondément fourchue.

Peut-être que je ne lève pas assez les yeux. Cela fait trente-cinq ans que je connais Édimbourg, j'ai même occupé des emplois temporaires dans certains des bureaux de Charlotte Square, mais jamais jusque-là je n'avais remarqué cette comète. En disant que je connais Édimbourg, je veux parler de ses quartiers souterrains, de ses *wynds*, comme on appelle les ruelles de la vieille ville, et de ses escaliers qui vous donnent rapidement accès à l'endroit où vous voulez vous rendre. Avant la comète, je ne m'étais jamais demandé ce que la ville élevait vers le haut ; ce que ses dômes et ses flèches offraient au vent. C'est Robert Adams qui a conçu les demeures de Charlotte Square. Faut-il croire que c'est lui aussi qui a décrété qu'il y aurait là une comète furtive ? Donc, la comète en question m'a poussée à m'interroger et, par une belle journée sans vent, une fois les froids passés, je suis montée tout en haut de Calton Hill, avec mon télescope, curieuse de voir quels autres objets m'avaient échappé.

Culminant à une centaine de mètres, la butte bien découpée de Calton Hill se situe au centre d'Édimbourg, mais son altitude lui permet d'en sortir. Le temps d'un déjeuner, il est tout à fait possible de s'élever au-dessus des magasins et de la circulation, en allant tout simplement se balader jusqu'en haut. Toutes les villes ont besoin d'une éminence de ce genre, et si la nature n'a rien fourni, il faut en construire une, comme la tour Eiffel ou le London Eye.

Partant de Waterloo Place, un escalier en pierre permet d'accéder au sommet de la colline. Le soleil rampait sur les murs et un écriteau, à demi caché par le lierre, nous annonçait, avec un sens de la litote aujourd'hui révolu, que nous aurions « depuis ses monuments des vues intéressantes et plaisantes sur Édimbourg et ses environs ». Ce qui est vrai. Quand vous débouchez sur le sommet herbu, vous avez devant vous ce que Patrick Geddes, le défenseur de l'urbanisme de notre ville, appelait le « panorama synoptique » – une vue de la cité dans son entier, contemplée de vos propres yeux.

C'est un endroit spectaculaire. Le terrain, qui descend par une longue pente depuis les Pentland Hills, au nord, jusqu'à ce qu'il rencontre les rives du Firth of Forth, l'estuaire du Forth, est interrompu par les cœurs de volcans éteints. Calton Hill en est un, Castle Rock, le roc du Château, en est un autre et le père de la famille n'est autre qu'Arthur's Seat, le siège d'Arthur. Et, coincés parmi eux tous, tandis que l'eau coule entre les rochers, on a les vieux immeubles, les flèches et les dômes. Édimbourg, cité à l'architecture robuste, où règnent le vent et le soleil nordique, vous oblige à descendre des marches, franchir des *pends*, passages couverts menant de la rue aux cours intérieures des immeubles, passer sous des ponts, vous faufiler entre des immeubles, et puis, comme pour vous dédommager de cette vie de contrainte presbytérienne, elle vous offre soudain des façades néoclassiques ou des aperçus bleus de la mer.

Le ciel sans nuage de cette fin février déployait sa voûte au-dessus de la ville, limpide à l'exception d'une ou deux traînées blanches qui conservaient leur forme du côté de l'aéroport, à l'ouest, et j'avais Édimbourg à mes pieds. Dans mon dos, s'élevait l'ensemble architectural d'édifices et de monuments qui donne à la colline son atmosphère particulière de comique austère.

Il y a la colossale entreprise du National Monument, qui devait à l'origine être une copie grandeur nature du Parthénon, en hommage aux morts des guerres napoléoniennes, mais le projet a capoté faute de moyens et reste à ce jour inachevé. Ses colonnes allongent leurs ombres sur l'herbe. Il y a un monument à la mémoire de Nelson, sous la forme d'une tour qui n'est pas sans ressembler à un télescope ; un temple grec, carré, célèbre Playfair, l'architecte ; un autre, petit et rond, est consacré à un philosophe du nom de Dugald Stewart. Mais en dépit de tous ces trépassés, Calton Hill reste un endroit plein de vie – c'est un terrain de chasse bien connu de la communauté gay, un panorama pour les touristes, une pause déjeuner pour les employés de bureau, avec de nombreuses boutiques à ses pieds.

J'ai fait le tour des lieux, puis j'ai choisi un endroit, sous le mur d'enceinte d'un des plus anciens monuments de la colline, l'Observatoire. À mi-chemin entre la tour gothique et le fortin picte – Robert Adam, toujours lui, a eu son mot à dire –, l'édifice a été construit en 1790, à une époque où le ciel au-dessus d'Édimbourg n'était pas encore éclairé la nuit et où la population était confinée à la longue pente qui parcourt le Royal Mile, de Castle Rock à Holyrood. Sur cette crête, les immeubles ont poussé comme des champignons sur une bûche, jusqu'au moment où la ville est devenue, pour reprendre les mots de Patrick Geddes, « la plus surpeuplée et la plus abîmée de toutes les cités du monde ». De mon poste, plein ouest, j'avais d'un côté la vieille ville, pittoresque et chaotique ; et de l'autre, la disposition ordonnée et rectangulaire de la ville nouvelle, avec au-delà, de toutes parts, l'étendue et les bruits de la ville moderne.

Le soleil de février était si tiède que j'ai accroché mon manteau à une rambarde et je me suis mise en devoir de monter mon télescope. Au-dessous de moi, les flèches et les toits de la ville paraissaient à la fois robustes et vulnérables, à l'image d'un organisme qui serait en même temps vivant et pétrifié, du corail peut-être, un organisme plus cassant qu'on ne l'imagine quand on parcourt ses rues. Outre les flèches et les cheminées, les rues m'envoyaient le constant vacarme de la circulation, percé de temps à autre par un tintement métallique ou le cri d'un ouvrier du bâtiment – on est en train de vider de ses entrailles l'ancien édifice de la Poste, tout près de là, et il y a des grues et des échafaudages. Ce qui résonnait avec le plus de force dans mon oreille, cependant, c'était la petite chanson bien timbrée d'un rouge-gorge. Le ciel était d'un bleu sans faille, virant au rose poudré au-dessus des collines, et on aurait dit que les îles étaient à l'ancre dans les eaux du *firth*. De l'autre côté de l'estuaire, c'est-à-dire sur le rivage du comté de Fife, un petit train glissait d'une bourgade à la suivante.

La vision à travers un télescope a quelque chose de vaguement hallucinogène, on a tendance à se prendre pour Peter Pan, à force de planer ainsi par-dessus les toits. On a le sentiment – et on donne l'impression – de se conduire de manière illicite. Et avide, par-dessus le marché ; l'œil rivé à la lentille, j'avais la ville dans mon giron et j'étais en mesure d'accaparer une part imméritée de clochers, de flèches et de coupoles ; des pignons à échelons, des mansardes et toutes les *lums*, ou cheminées de la vieille ville fonçaient vers moi. Certaines des flèches sont célèbres, par exemple la fusée gothique qu'est le Scott Monument, et le château, bien sûr, perché en haut de son rocher. Grâce à une légère torsion de la manette de mise au point, toutefois, je suis parvenue à faire apparaître des petits groupes de touristes, penchés sur les remparts. Quelques degrés plus à gauche et le capharnaüm de la vieille ville aboutissait tantôt ici, à la fenêtre ouverte d'une mansarde, avec des rideaux orange, tantôt là, à une échelle appuyée de façon vertigineuse contre un toit pour donner accès à une rangée désordonnée de cheminées.

Sous l'influence de ma comète, je voulais voir les touches finales, l'éclat du laiton, du plomb ou de l'or. Tout en me demandant par où commencer, j'ai dirigé mon engin vers Charlotte Square, mais la comète était trop fugitive, elle ne montait pas suffisamment haut au-dessus des toits pour être vue. C'était le dôme vert de West Register House qui permettait de repérer Charlotte Square. Nouveau petit coup de poignet à la manette de mise au point et j'ai vu pour la première fois la croix maussade que cet édifice brandit vers le ciel. J'ai décidé, cependant, d'être systématique, de contempler les choses chacune à son tour, plutôt que de jouer les pies, en m'arrêtant au hasard sur tout ce qui brillait.

Peut-être faut-il y voir une conséquence du protestantisme d'Édimbourg, mais peu de personnes ont été élevées loin au-dessus du lot. Pas un seul saint et bien peu de héros. Sauf Henry Dundas, premier vicomte de Melville, qui se dresse au sommet d'une haute colonne, dans les jardins de St Andrew Square. Un homme si puissant qu'on l'avait surnommé « le roi sans couronne de l'Écosse ». Autour de son cou s'enroule un paratonnerre, avec tout l'inconfort du nœud coulant d'un pendu. Il y a, toutefois, une femme qui trône tout en haut du dôme couronnant la Bank of Scotland. Celle-ci est située en haut de l'éminence appelée The Mound, qui domine la prospère ville nouvelle, comme pour bien lui rappeler qui est le patron. Dans la capitale écossaise, la Renommée fait résolument face au sud. Teintée de vert-de-gris – une nuance plutôt seyante – et drapée dans des voiles, elle tient dans ses mains deux couronnes de lauriers. Elle est sur le point de les jeter au vent, d'en couronner peut-être un piéton qui ne se doute de rien, loin au-dessous d'elle.

En dépit de toute la grandiose absurdité baroque sur laquelle reposent ses pieds nus, la Renommée exprime dans son maintien toute l'élégance et tout l'ennui d'une passagère de croisière occupée à lancer des anneaux.

Me prenant au jeu, désormais, je fais bouger le télescope d'un quart de poil vers la gauche. La Renommée arbore de vagues draperies grecques, mais il existe aussi la statue dorée d'un garçon incarnant la Jeunesse, dont la nudité est si flagrante qu'on se demande comment elle a échappé aux censeurs – c'est sans doute parce qu'il s'agit d'un habitant des toits et que les âmes bien-pensantes d'Édimbourg n'étaient pas, à l'époque, équipées de télescopes. Ce jeune homme, donc, que le soleil frappe directement, est en tout cas un personnage bien connu de la cité, arrêté en pleine foulée sur le dôme qui surplombe l'Old College de l'université. Sa tâche est de lever bien haut le flambeau allumé du Savoir, ce qu'il fait avec l'aisance d'un athlète. On dit, toutefois, qu'Édimbourg est un lieu de dualité, et on imagine fort bien le jeune homme descendant de son perchoir pour traverser à grands pas, dans toute sa splendeur, le South Bridge en direction de Calton Hill, en quête d'une sorte de savoir bien différente, comme dans ce poème de Cavafy où un dieu, « éphèbe élancé, d'une beauté parfaite, les yeux pleins de la joie des immortels », quitte son empyrée pour la cité. J'avais presque honte qu'on puisse me voir détailler sa nudité, mais ce garçon doit être colossal pour être proportionné à l'édifice qu'il complète. Un édifice que je connais depuis mes années estudiantines. Sous le jeune homme se trouve un dôme et sous ce dôme, un morceau de néoclassicisme à couper le souffle, à côté duquel les autobus à impériale paraissent d'une infinie délicatesse. On peut lire une fulgurante inscription en latin concernant les rois, ainsi que MDCCLXXXIX et ARCHITECTO ROBERTO ADAM – au cas où on l'oublierait – et au-dessous un vaste passage voûté, en forme d'arc de triomphe, que franchissent les jeunes étudiants, en jeans baggy, leur portable à la main.

L'Old College a été le chant du cygne de Robert Adam, si c'est bien l'expression qui convient, puisqu'il est mort avant qu'il ne soit terminé et que le projet a dû être repris par d'autres ; les fonds sont venus à manquer et un siècle s'est écoulé avant que le dôme et sa célèbre statue de la Jeunesse ne soient achevés. Le jeune homme fait face à l'est, si bien qu'il ne connaîtra jamais la Renommée. Elle est pour toujours dans son dos, mais il peut, s'il daigne, baisser les yeux vers le quartier de Holyrood où à quelque huit cents mètres de lui, guère plus, vient récemment d'être révélé, après la mort de son architecte et un dépassement de budget hallucinant, le nouveau Parlement écossais.

J'ai pivoté vers l'ouest, un tout petit peu, et attrapé le croissant de lune en haut du minaret de la nouvelle mosquée de Southside, puis j'ai scruté les toits plats des bâtiments de l'université moderne, qui n'offrent pas au regard le moindre fleuron ouvragé, mais des antennes et des mâts de télécommunication du XXe siècle. Encore une petite rotation du levier, une petite mise au point, et, si proche et bien ciblé que je pourrais tirer dessus, voilà le coq qui chante du haut de la cathédrale St Giles. Celle-ci s'élève bien haut au-dessus des toits de la vieille ville, sa flèche est en forme de couronne, on ne peut la confondre avec aucune autre. Il n'y a là rien d'inhabituel – dans les grandes villes un coq en guise de girouette est plus commun que l'animal en chair et en os. Celui-ci était doré, superbe dans la lumière du matin, mais vu de près, c'était un curieux oiseau. Il avait, certes, la queue en panache de rigueur, mais au bout de son mât, il avait l'air tout en jambes et son bec était si long qu'on aurait franchement cru avoir affaire à celui d'un chevalier gambette. Étrange bestiole, mais cela devait bien faire dans les cinq cents ans qu'elle tournoyait là-haut, donc elle avait le droit d'être bizarre. Le mot « cathédrale » a survécu depuis les temps antérieurs à la Réforme, mais on dit que c'est un miracle que l'édifice lui-même n'ait pas été démoli, donc le coq, tournant à tous vents, s'en est plutôt bien sorti.

Ensuite, encore une fois dans l'embrouillamini de mansardes et de pignons de la vieille ville, il y avait une girouette en fer forgé. C'était cela que je voulais, les choses secrètes, modestes, à demi cachées au milieu des toits, comme les animaux dans la forêt. Cet ornement-là paraissait curieusement nautique, la flèche était un trident et la planche, que bousculait le vent, avait un peu la forme d'une barre à roue. Le vent l'avait frappée une fois de trop, cependant, et elle penchait à bâbord. À quel bâtiment appartenait-elle, j'étais incapable de le dire ; sans doute étais-je passée devant un millier de fois, peut-être même y étais-je entrée. Et je ne pouvais pas dire non plus quel clocher, assez proche, élevait vers le ciel une étrange étoile à huit branches, couleur de rouille. Ces huit branches, au lieu des six habituelles, lui donnaient l'air affairé et surexcité. Une étoile, une barre à roue, un grand bêta de coq médiéval – joli tableau de chasse.

***

C'était le milieu de la matinée et les gens étaient montés se balader sur la colline. Ils passaient derrière moi, tout seuls ou en groupes, des touristes pour la plupart. J'entendais des voix espagnoles et américaines et je me sentais vaguement gênée, comme une voyeuse, mais la seule fenêtre par laquelle j'ai regardé a été celle de la reine, qui n'était pas en ville. Je peux vous annoncer qu'elle possède, tapi parmi les créneaux du palais de Holyrood, un lion rouge vif tout à fait diabolique. Une touriste, une jeune Japonaise, m'a demandé si je voulais bien prendre sa photo, avec toute la ville d'Édimbourg en toile de fond. Un autre passant, irlandais, a voulu savoir si j'observais les oiseaux, aussi nous avons commencé à parler de la ville et des éperviers qu'il voyait régulièrement, ainsi que de la buse qu'il avait repérée en haut de Leith Walk. Il a passé son chemin et j'ai décidé de chercher aussi des éperviers, au milieu des girouettes. Les seuls oiseaux visibles étaient des goélands argentés, posés sur les cheminées ou planant au-dessus des toits, comme des morceaux de peau morte arrachés à la ville.

Le château, du fait qu'il est rugueux et défensif, n'offrait pas grand-chose au vent, en dehors de ses remparts et de ses créneaux, parmi lesquels étaient disséminés, peu visibles et contre leur gré, quelques orbes d'or. Tout près de là, cependant, se dressait la tour de l'horloge de l'hôtel Balmoral. Elle était si proche que le cadran emplissait l'objectif du télescope, et elle offrait un étrange spectacle, car, comme sur la montre du Lapin blanc dans *Alice au pays des merveilles*, l'aiguille des minutes ne cesse de bouger – on dirait qu'elle court comme une perdue pour rester dans les temps, pour couvrir la distance d'une minute en l'espace de soixante malheureuses secondes. En la voyant, on était pris de panique, on avait l'horrible sensation que la vie et le temps s'enfuyaient.

Selon la coutume, cette horloge avance, parce qu'elle s'élève au-dessus de la gare et que tous ceux qui ont un train à prendre la consultent des yeux. Tout le monde regarde l'horloge, mais qui voit au-dessus, tout en haut de la tour carrée, une petite pièce secrète ? Prise au piège d'une sorte de bâti en fer forgé, qui ressemble à une cage à oiseaux, il y a une pièce minuscule. J'arrivais même à voir à l'intérieur : des lambris peints en blanc, avec juste assez de place pour une table et une chaise. De toutes les pièces de ce palace, c'est certainement la meilleure.

Peut-être pourrait-on y installer un philosophe, à l'instar de ces pittoresques ermites que les grands de ce monde logeaient jadis dans leurs domaines. Un philosophe pour nous parler du temps et de l'identité ; pour nous dire que cet hôtel a été pendant des lustres le North British, mais qu'il s'appelle aujourd'hui le Balmoral, bien qu'il soit resté rigoureusement le même ; pour nous révéler aussi que le site sur lequel il se dresse était jadis un marais et que la gare était un jardin médicinal ; que la ville ne cesse de se recréer, alors même qu'elle s'effondre. Au-dessus de la pièce en cage, un drapeau écossais, champ bleu, sautoir blanc, pendait mollement autour de son mât.

Elles fatiguent l'œil, toutes ces observations et ces mises au point. J'avais compté cinq coqs, quelques flèches empennées, une étoile, un trident, un jeune homme doré, une dame jouant aux anneaux, un globe du plus haut grotesque tenu par quatre gros poupons, une lune, un astrolabe (il se trouve sur le nouvel immeuble de la compagnie d'assurances Standard Life), un lion rouge. Une fois miniaturisés, ils pourraient constituer les charmes d'un bracelet et vous porteriez la ville au poignet. Et il y avait, bien entendu, des croix, certaines aussi tarabiscotées que des flocons de neige, au pinacle d'églises jadis grandioses, mais qui, lentement, commencent à oublier à quoi elles servaient. Maintenant, ce sont des night-clubs et des bars qui les habitent, un peu comme le bernard-l'hermite investit les coquilles des bulots.

J'avais conçu une affection instantanée pour les coqs de la ville et je me suis mise à en chercher d'autres. À environ un kilomètre et demi vers le sud-ouest, deux s'élevaient, tout proches l'un de l'autre. Des rivaux de basse-cour, pourrait-on dire. Le premier surmontait un fanion sur lequel figuraient les lettres « R. I. ». Si ce « R. I. » indiquait la Royal Infirmary, le second coq devait forcément marquer l'emplacement de la George Heriot's School. Deux cents ans et deux cents mètres séparent les deux volatiles ; celui de Heriot's, dans l'enceinte de son parc privé, et, de l'autre côté de la rue, celui de l'hôpital. Je suis désolée de le dire, car il s'agit d'une école privée pour les riches, mais le coq de Heriot's tient le haut du pavé, c'est le coq le plus élégant d'Édimbourg. Il brille, il lance son cocorico, il est le mieux dessiné, son panache est le plus opulent, ses pattes sont au nombre de deux, plutôt que de se résumer à un unique poteau. Le fondateur de l'école était l'orfèvre du roi, donc il est possible qu'il ait particulièrement veillé à tous ces détails.

Heriot's School est un carré, avec une tour à chaque angle. L'hôpital qu'on appelle Royal Infirmary est, quant à lui, la quintessence de l'ère victorienne. Florence Nightingale[1] elle-même approuvait sa conception. Son coq se trouve tout en haut d'une tour en forme de cône, un pinacle percé de fenêtres et de bouches d'aération à volets

1. Florence Nightingale (1820-1910) fut la pionnière du métier d'infirmière et se rendit célèbre pendant la guerre de Crimée.

mobiles. Impossible de le voir d'ici, bien sûr, mais au-dessus de la porte de l'établissement, il y a un autre oiseau, gravé dans la pierre. Ce n'est pas un coq, mais un pélican, nourrissant ses jeunes avec le sang de sa poitrine. De part et d'autre, les mots : « J'étais un étranger et tu m'as fait entrer / j'étais malade et tu m'as visité. » Les mots sont majestueux, mais à présent des bannières bavardes pendent aux oriels de l'hôpital. « Le saviez-vous ? La Royal Infirmary a désormais fermé ses portes. » L'hôpital est fermé, les malades ont été expédiés hors de la ville, dans un endroit qu'on ne voit pas, trop éloigné pour s'y rendre à pied, et le site a été remis entre les mains des promoteurs. N'en déplaise aux rossignols[1], pélicans et autres coqs, ses entrées sont cadenassées.

Il est évident, mais peut-être n'est-il pas plus mal de le répéter, que tout ce qu'on élève est élevé délibérément, rien ne part vers le haut de manière accidentelle. Tout ce que la cité soulève au-dessus d'elle a donc été pensé et conçu. Pensé et conçu, puis voué à une existence secrète qu'entrevoient, à l'occasion, ceux qui doivent se cantonner dans la rue. N'ayant jamais fait véritablement l'effort de lever les yeux, tandis que je vaquais de boutique en conférence, que je passais des examens, que je rendais visite aux malades, que j'allais boire dans les pubs, que je m'appuyais des spectacles en marge du festival d'Édim-

1. Plaisante allusion de l'auteur à Florence Nightingale, citée un peu plus haut, puisque Nightingale signifie « rossignol ».

bourg dans des églises glaciales, que je vérifiais l'heure en courant prendre des trains, je n'avais pas vraiment compris que les choses que nous apercevons sur les toits de la ville sont des symboles.

Une étoile à huit branches, par exemple, est un symbole de régénération – mais qui le sait ? Il a fallu que je fasse des recherches. L'église qui la porte est l'église du Tron, laquelle n'a pas servi en tant que lieu du culte depuis belle lurette. Elle se dresse à l'intersection de High Street et South Bridge et elle a été, pendant un certain temps, l'endroit où la ville entière se réunissait pour Hogmanay, le dernier soir de l'année. Je connaissais sa flèche robuste, parce que des amis ont un appartement au troisième étage de l'immeuble situé juste en face et que le grand cadran luisant du Tron passe le nez dans leur salon. De leur fenêtre, on n'a aucun mal à lire l'inscription qui fait allusion à un grand incendie. Le clocher d'origine a brûlé entièrement et on a vu couler des ruisseaux de plomb fondu. La nouvelle tour a été érigée en 1820. Je sais tout cela, mais je n'avais encore jamais remarqué son étoile.

La cité expédie vers le haut son bruit et ses émanations de fumée, ainsi que les symboles du jour, le *Zeitgeist*, l'esprit du temps, coulé dans un laiton éclatant et élevé vers les cieux. Mais les symboles, avec leur « signification » précise, sur laquelle il n'y a pas à revenir, tombent en désuétude, alors même qu'ils restent au-dessus de nos têtes. Depuis la colline, ici même, on peut braquer son objectif sur la production de centaines d'années qui encombre l'horizon. Quand nous ne pouvons plus comprendre ces messages, force est d'aller chercher dans les livres. Ils deviennent des curiosités. « Tu savais, toi, demandera-t-on, que le coq est un des emblèmes de saint Pierre ? » Un édit papal du IXe siècle stipulait que chaque église devait en avoir un. « Tu savais que le pélican est un symbole de charité pour les chrétiens ? » Les promoteurs se chamaillent avec les urbanistes à propos du site de l'hôpital. Ils veulent construire des immeubles de douze étages. Et que fera-t-il alors, notre pauvre coq ? Pour le moment, dans sa peau de symbole en passe de devenir une métaphore, c'est un oiseau verdâtre et maladif.

***

Un hélicoptère, suivant la ligne des Pentland Hills, est passé sans bruit derrière la flèche sombre et fine de la Tolbooth Kirk[1], aujourd'hui transformée en club. Au même moment, moment chorégraphié d'ailleurs avec délicatesse, le long bras d'une grue, transportant une poutre en fer, est entré dans le champ de vision du télescope.

Ce qui est plus difficile à voir, ce sont les simples girouettes en forme de flèche, qui ne sont chargées d'aucune signification, n'étant guère que des messagères du changement. Pour trouver ces minces flèches et les dispositifs sur lesquels elles sont montées, où sont inscrits les quatre points cardinaux, il faut fouiner parmi les cheminées et les antennes qui se détachent sur l'horizon, parce qu'elles

1. En Écosse, une *kirk* est une église.

couronnent le plus souvent des édifices moins hauts et moins grandioses. Il y avait déjà cette flèche nautique insouciante sur la barre à roue, mais en ce qui me concerne, la plus élégante de toutes est la flèche qui surmonte St Cuthbert's, à l'extrémité est des Princes Street Gardens. Au-dessus des jardins, la vue était dégagée, même si l'église est bien au-dessous du niveau de la rue. Et les trains ont beau passer tout près, en donnant un coup de sirène avant de pénétrer dans un tunnel, il y a là, en bas, des chants d'oiseaux et des arbres, et des familles victoriennes au grand complet sont ensevelies dans son enceinte close de murs. Malgré la domination écrasante du château, sur son rocher, le clocher s'élève néanmoins avec courage pour brandir au-dessus de son paisible cimetière une flèche empennée, couleur d'étain.

Dans le cadre rond de mon objectif, la flèche était parfaitement immobile. Toutes les girouettes, les bannières et les coqs de la ville l'étaient aussi. Toutes les horloges étaient à peu près d'accord ; l'heure du déjeuner approchait et les gens gravissaient la colline pour s'asseoir au soleil et manger leurs sandwichs. J'ai commencé à démonter le télescope, bien décidée à revenir par une journée ventée, afin de saisir au vol le moment dynamique où, à l'insu des citoyens de la ville, le vent tourne et, loin au-dessus de la circulation et des affaires, toutes les girouettes de la ville pivotent à l'unisson.

J'offre donc l'observation que voici, qui ne supportera pas un examen détaillé. Jadis, à l'époque où toutes les villes étaient encore vertes, avant que chaque parcelle de terrain ne soit lotie et que les grandes cités ne deviennent des taudis, ce sont des coqs que l'on a élevés vers le ciel. Puis, du temps de Robert Adam, au siècle des Lumières, est venue la Jeunesse portant le Savoir. Sur les minces flèches d'église des Victoriens, on voit des croix qui semblent délicates, mais qui doivent, en réalité, être faites de lourds morceaux de métal. À la fin du XXe siècle, quand les toits sont devenus plats, nous nous sommes passés de Dieu et nous avons élevé des antennes et des paraboles, le matériel nécessaire pour communiquer les uns avec les autres. Il y a aussi des objets plus domestiques, plus fantaisistes : une comète, un chat, un corbeau. Mais les vents ont de nouveau changé. L'édifice le plus neuf de la ville se trouve immédiatement au-dessous de Calton Hill ; on n'a qu'à baisser les yeux. L'immeuble Omni, une construction du XXIe siècle, affichant son verre fumé, sa présence et son accueil, promet des loisirs à tout un chacun, avec ses cinémas, ses escaliers roulants et ses bars. Ce qu'il élève sur son toit, c'est un jardin. Qu'on ne voit pas de la rue bien sûr – pour le voir, il faut gravir la colline.

Le jour du Seigneur

Sur cette pointe de terre, de nombreux *cairns* en pierre paraissaient scruter l'étendue marine. Ils surgissaient soudain, au moment où l'on franchissait la petite barrière donnant accès au sommet de la falaise, et on aurait pu croire qu'ils venaient d'être bricolés par des touristes ayant du temps à perdre, mais en approchant, on voyait bien qu'ils avaient une barbe de lichens verts. On aurait pu croire aussi qu'il s'agissait des vestiges pétrifiés de personnes restées trop longtemps assises, absorbées dans leur contemplation. Ou bien qu'ils avaient été édifiés par des gens qui savaient qu'ils allaient devoir reprendre le cours de leur existence, mais qui voulaient laisser à cet endroit quelque chose d'eux-mêmes, fixant la mer à tout jamais. Le promontoire en était couvert, certains en forme de ruches à l'ancienne, d'autres de maisons de cartes, avec des plans verticaux inclinés et des plans horizontaux.

Ceux-là vous permettaient, en vous penchant, de regarder la mer comme par la fente d'une boîte à lettres.

J'ai trouvé un endroit bien à l'écart du bord de la falaise, abrité du vent, et je me suis assise. Vers le sud, une autre pointe aux pentes abruptes faisait saillie dans la mer, et autour de son extrémité des fous de Bassan ne cessaient d'arriver, par groupes de trois ou quatre, se dirigeant vers le nord, à peu près invisibles jusqu'au moment où ils basculaient dans la lumière du soleil qui faisait luire leurs ailes blanches. La ligne d'horizon n'était interrompue que par les îles Flannan où, si l'on en croit la ballade, les gardiens du phare avaient disparu de façon si simple et si mystérieuse.

Il était encore tôt. Je me suis posée sur un rocher humide, j'ai sorti mon calepin de ma poche intérieure et j'ai pris des notes avec beaucoup de sérieux :

« Au sud – ciel mince ligne de rose tendre, bleu rosé plus droit, bleu gris. Îles Flannan, à l'horizon fine ligne gris ardoise. [Illisible] 3 fous de Bassan. »

J'ai donc pris des notes, mais si j'étais venue jusqu'au bout de la route, afin de parcourir les falaises, c'était parce que quand j'arrive là, je ne trouve plus rien à dire. Quand on passe son temps à travailler avec les mots, on a parfois besoin de récupérer, dans un lieu où le langage ne s'articule plus, où on en est réduit à quelques substantifs élémentaires. Mer. Oiseau. Ciel.

En plus de quoi, c'était dimanche, le jour du Seigneur. Sur un écriteau fixé à la barrière qui donnait accès au chemin côtier, on pouvait lire : « Tenez vos chiens en laisse, SVP » et aussi « Évitez de troubler le repos dominical, SVP ».

***

C'était la fin des grandes vacances – j'avais quelques jours pour m'éclaircir les idées. L'été avait été difficile, marqué par une succession de crises familiales de plus ou moins grande importance. Il y avait notre grand-mère, que nous appelons Nana, qui sombrait dans la dépendance, et maman qui tentait de s'habituer à vivre de nouveau chez elle, après un grave AVC, et mon père, héroïque dans sa peur, qui faisait de son mieux ; il fallait pourvoir aux besoins de nos jeunes enfants, et puis ma fille avait raté sa toute première rentrée des classes, parce que ce jour-là, elle était à l'hôpital où on lui suturait une blessure à la tête. Mais l'été s'était écoulé et déjà, tels des oiseaux migrateurs, mes étudiants arrivaient à l'université, attendant le début du trimestre et les cours qui allaient leur apprendre comment affronter le monde par le truchement du langage.

Gardant la mer à main gauche, j'ai avancé vers le nord, suivant l'exemple des fous de Bassan. Le terrain en haut des falaises s'affaissait dans des creux humides avant de remonter sur des promontoires où la roche affleurait sous la fine couche de terre. Il y avait des mares d'eau tourbeuse entre les rochers et des escouades de pluviers dorés en quête de provisions. On pourrait qualifier le lieu de sauvage, entre l'Atlantique d'un côté et une tourbière marécageuse de l'autre, mais sur chacun des passages séparant une pointe de la suivante, on pouvait voir des traces d'intervention humaine, un enclos ou un mur. Au fond d'un d'entre eux, j'ai vu des ondulations marquant la présence d'anciens « *lazy beds*[1] ». L'expression est cruellement trompeuse : quand on les regarde d'en haut, ils ressemblent en effet à des lits, évoquant des dormeurs roulés dans une couverture de tourbe, mais ils laissent deviner le labeur pénible, les paniers de goémon hissés depuis le rivage, afin de fertiliser le sol pauvre et d'en tirer une maigre subsistance.

J'ai gagné la pointe suivante et là, dans la baie qui s'ouvrait, j'ai vu une aiguille, d'une grande trentaine de mètres de haut. Elle n'était pas fièrement campée sur sa base, dominant l'océan, mais reculait, effarouchée, vers le fond d'une sombre et menaçante concavité de la falaise. Je me suis risquée jusqu'au bord pour contempler l'eau et j'ai vu que ce n'était pas une véritable aiguille, elle n'était pas indépendante de la falaise, mais la rejoignait par une sorte de chaussée rocheuse désordonnée. Ce qui n'empêchait pas les fulmars de l'adorer. Ils se posaient sur ses rebords, ou bien se jetaient de son faîte rugueux pour planer sans effort autour d'elle.

1. Cette expression, qui signifie littéralement « lits paresseux », désigne un ancien mode de culture en plates-bandes (*bed* voulant dire à la fois lit et plate-bande).

On aurait dit qu'il y avait quelque chose au sommet. Pas vraiment une personne, mais peut-être un autre de ces curieux *cairns*. J'ai levé mes jumelles, effectué la mise au point avec le pouce jusqu'au moment où j'ai eu au bout de mes lunettes un petit bâtiment invraisemblable, guère plus qu'une cellule. Il y avait une entrée, si l'on peut dire, mais cela faisait belle lurette que le linteau était de guingois et l'édifice tout entier était penché selon un angle ahurissant. Quelle que soit sa fonction, ermitage ou poste de guet, il en émanait une aura de grande vieillesse, remontant peut-être aux temps préhistoriques, et il était en passe de tomber dans la mer. Un saint ou une sentinelle qui se faufilerait hors de cette minuscule entrée, de la lumière plein les yeux et le fracas du ressac plein les oreilles, aurait intérêt à faire très attention ; un faux pas et il passait directement par-dessus bord pour tomber tout en bas, dans la mer, au milieu des fulmars indifférents.

Pourtant, cette construction avait quelque chose de séduisant. Ah, vivre seule dans une cellule en pierre tout en haut d'une aiguille rocheuse, avec les fulmars pour voisins, les vagues de l'Atlantique et le vent glapissant ; la cabane n'était pas d'aplomb, et alors ? On ne pouvait l'atteindre qu'au prix d'une escalade. Il y avait besoin de cordes, de harnais, et il faudrait porter ses provisions sur son dos, dans un panier. J'ai essayé de discerner un chemin, grâce aux jumelles. Peut-être qu'en qualité de seconde de cordée, suivant les pas d'un meneur digne de confiance, au bout d'une corde très serrée, je serais capable de me hisser jusque-là. L'endroit sentirait le guano et les minéraux, et à ce moment précis, j'ai presque cru sentir, vague souvenir de jeunesse, la pierre sous mes doigts.

Il y a vingt ans, j'avais un petit ami du nom de Peter, qui était un grimpeur chevronné, enivré par l'élasticité et la fluidité du corps humain. Il est aujourd'hui kinésithérapeute, chargé de s'occuper des corps brisés, afin qu'ils puissent fonctionner de nouveau avec efficacité, sinon avec grâce. Je lui ai téléphoné quand ma mère était en maison de rééducation, apprenant à remarcher après son AVC, pour le prier de me dire franchement ce qu'il pensait de ses perspectives, et je viens de nouveau de penser à lui en regardant cette masure à travers mes jumelles. Je me souviens qu'un jour où j'étais figée par la peur, en plein milieu de l'ascension de je ne sais plus quelle paroi, il m'avait crié, loin au-dessus de moi : « Rappelle-toi une chose ! C'est ton squelette qui garde la pose, pas tes muscles. Tu peux les laisser se détendre.

– Non, je n'y arriverai jamais ! avais-je pleurniché.

– Mais justement, tu es en train », avait-il rétorqué.

J'ai rangé mes jumelles pour reprendre ma route. Je voulais découvrir ce que c'était que cette étrange et inaccessible cellule. Dans l'état d'esprit où j'étais, elle m'irait comme un gant. Je consulterais des archives à la bibliothèque de Stornoway. Et je chercherais aussi dans une des vitrines des agences immobilières.

***

Au cours de la semaine précédant mon séjour dans l'île de Lewis, j'avais passé une journée avec ma sœur dans la ville natale de nos parents, à l'ouest de l'Écosse. Nous étions venues voir notre grand-mère. Un week-end sur deux, quelqu'un fait le trajet en voiture pour aller lui rendre visite. Elle est soit dans son minuscule appartement, avec son chauffage au gaz et son fauteuil, ses dauphins de plâtre bondissants sur le dessus de la cheminée, soit, comme c'était le cas cette fois-là, à l'hôpital, où elle est fréquemment admise. Nous avions reçu un coup de téléphone ; quelqu'un m'avait dit qu'au moment même où on me parlait, on venait de forcer la porte, de relever Nana qui avait passé la nuit par terre, et de l'emporter jusqu'à l'ambulance pour l'emmener une fois de plus à l'hôpital.

Aucun autre membre de la famille n'habite la ville, désormais. Nos parents en sont partis quand ils étaient jeunes mariés et maintenant que notre mère, à son tour, se trouve soudain privée de mobilité, que notre père doit s'occuper d'elle et que nous, leurs filles, abordons la quarantaine, avec des enfants en bas âge et la nécessité de gagner notre pain, la situation de Nana est un souci constant.

Nous étions venues ensemble, ma sœur et moi, et nous avions rendez-vous avec des assistantes sociales et des médecins. Dans des bureaux sans fenêtre, nous avions signé de longs formulaires et considéré l'opinion des médecins et les problèmes financiers. Pendant la majeure partie de sa vie, Nana avait été femme de ménage et elle était aussi mère célibataire : elle ne roulait donc pas sur l'or. On nous avait donné une liste de maisons de retraite dans la ville et puis, nous étions allées voir Nana pour avoir avec elle une conversation bien difficile.

Elle était assise dans un fauteuil vert à haut dossier, dans une des salles de séjour de l'hôpital, une vieille dame parmi tant d'autres, vêtue comme tout le monde, chemisier, cardigan et pantalon vague. Avec force détails, elle nous avait dit ce qu'on leur avait servi à déjeuner. Nous étions assises, ses deux petites-filles, en face d'elle. Ma sœur lui tenait la main et nous avions fini par lui exposer le problème qui n'avait fait qu'empirer au cours de ces dernières années.

Autour de nous, d'autres personnes âgées des deux sexes, étaient assises dans des fauteuils identiques à celui de notre grand-mère. Il y avait des tables jonchées de magazines, un téléviseur qui marchait sans interruption. Le soleil se reflétait sur les voitures garées au-dehors. De temps en temps, des bribes d'autres conversations nous parvenaient, des menus propos, pleins de jovialité, prononcés assez haut pour être entendus de personnes dures d'oreille. Je mourais d'envie de sortir. En entrant dans la salle, ma sœur avait dit : « Quand elle va nous voir ensemble, elle va croire qu'il se passe quelque chose. Que maman a eu une nouvelle attaque ou Dieu sait quoi. » Et moi, qui n'ai jamais été douée pour parler de tout et de rien, je m'étais efforcée de faire remonter à la surface des incidents de ma vie de tous les jours. J'avais répété mentalement l'histoire de ma fille qui s'était fendu la tête et de ses points de suture.

Nous étions environnées de gens d'un très grand âge. La femme assise dans le fauteuil voisin dormait, le menton sur la poitrine. À côté d'elle, une autre femme était éveillée. Elle portait un cardigan en tricot bleu – ou plus exactement, du fait de ses épaules et de sa poitrine déformées, on avait drapé autour d'elle un cardigan bleu. Tout en parlant avec notre grand-mère, trop fort pour une conversation aussi délicate, je voyais du coin de l'œil un tout petit mouvement, persistant, comme on voit parfois une araignée au coin d'une fenêtre. Une petite table avait été approchée de la femme en bleu, sur laquelle était posée une brique de jus d'orange. Elle tentait vainement d'enfoncer le bout de la paille dans le petit trou bordé de papier d'aluminium. La main décharnée, la paille maladroite mais obstinée, la brique qui allait d'un moment à l'autre glisser de la table pour finir sur le plancher, tout cela m'était devenu soudain intolérable, si bien que je m'étais levée pour lui proposer mon aide. « Merci, mon petit, m'avait-elle dit. Merci. »

***

Les fous de Bassan étaient venus à Dalmore, qui est une baie appréciée des surfeurs, mais en ce jour du Seigneur, il n'y avait pas un seul surfeur. Des vagues blanches déferlaient entre les pointes jumelles, et les fous, qui ne mangeaient pas, ne se reproduisaient pas, n'allaient nulle part, tournoyaient et planaient dans les courants d'air. Au milieu des dunes, en haut de Dalmore Bay, se trouve le cimetière. Il est ceint de murs de pierre et des défenses ont été érigées pour empêcher la mer de porter atteinte aux sépultures. Bien entendu, le plus souvent, on arrive au cimetière par l'intérieur des terres : une étroite route insulaire se termine à l'entrée. Les stèles se dressent en rangées bien alignées ; les concessions pas encore occupées sont signalées par des étiquettes en métal numérotées. On peut penser que des habitants de cette paroisse l'ont quittée un jour pour partir au bout du monde, mais qu'ils connaissent leur numéro, qu'ils ont dans la tête une image de ce cimetière au bout d'une route étroite, près de la baie.

En quittant le cimetière, j'ai remonté la route vers l'intérieur. Les maisons du *township*[1] étaient fermées en ce jour de repos. Les chiens eux-mêmes se taisaient ; l'un d'eux m'a regardée passer, depuis le seuil d'une porte, la tête posée sur ses pattes, seuls ses yeux bruns bougeaient. Une maison, en tout et pour tout, montrait un signe de vie : de la condensation sur les fenêtres. J'avançais, assez mal à l'aise, remarquant les clôtures en fil de fer, les voitures hors service, les tas de tourbe, et me demandant s'il suffisait, pour troubler le repos dominical, que je marche dans la

1. Dans les Hébrides, les *townships* sont des villages ou bourgs, mais qui n'ont pas de centre et dont les maisons sont souvent assez éloignées les unes des autres.

rue, que je me donne en spectacle dans l'immobilité de cet après-midi. Des moutons bêlaient, pourtant. Enfermées dans les enclos intérieurs, des brebis, avec leurs agneaux grassouillets, ne cessaient de bêler. Peut-être savaient-elles qu'on allait bientôt leur enlever leurs petits.

Un ami, avec qui je parlais de cette étape que nous avions atteinte, ce moment de notre vie où nous nous apercevons, tout à coup, que nous sommes devenus des adultes, que c'est à nous de nous occuper de nos enfants, de nos parents et même de nos grands-parents, sans parler de nos élèves, de nos patients, de nos clients ou de nos employeurs, m'a dit que nous passons tellement de temps à faire face à toutes ces obligations que nous n'avons pour ainsi dire plus un instant pour nous en émouvoir. J'ai remonté la route silencieuse, en me demandant si je ne pouvais pas me rabibocher avec l'idée du jour du Seigneur, du « *Sabbath* » comme on dit encore à Lewis, l'idée de cette journée de silence, d'ennui et de bouillon de mouton, que j'avais connue enfant ; si on ne pourrait pas fermer les boutiques et arrêter la circulation, en instituant un jour moderne de contemplation et de repos, sans rapport avec l'Église ; et si cela nous serait du moindre secours.

***

La petite auberge regorgeait de monde, ce qui m'a surprise. Elle fait partie d'un petit groupe d'une demi-douzaine de *blackhouses*, au-dessus d'un rivage rocailleux, mais à une certaine distance. Ce sont des pseudo-*blackhouses*, remises en état pour les touristes, avec des toits en chaume incurvés, d'épais murs de pierre et de minuscules fenêtres. Je dis pseudo, parce qu'il n'y a plus de feu de tourbe en plein milieu de la pièce, à même le sol, mais des radiateurs Calor et l'électricité.

Autour de la table, il y avait des gens originaires d'Espagne et d'Allemagne, d'Australie et d'Angleterre. Des jeunes, qui venaient juste de finir leurs études et s'apprêtaient à chercher leur premier emploi, et puis, presque assez vieux pour être leurs parents, des gens blasés et las, comme moi et une Australienne, professeur de chimie, qui avait pris une année sabbatique et qui vivait dans une voiture depuis plusieurs mois.

« Vous avez bien raison, lui ai-je dit. Faites-le pendant qu'il en est encore temps. *Carpe diem* et tout ce qui s'ensuit.

– Vous êtes écossaise ? » m'a-t-elle demandé. Nous étions assises devant le pignon de la *blackhouse*, profitant des derniers rayons du soleil.

« Oui, mais pas d'ici. Je viens de l'autre côté du pays.

– Vous êtes en vacances ?

– Non, juste quelques jours pour m'éclaircir les idées, avant le début du trimestre.

– Vous en avez de la veine. Moi, j'ai dû venir de l'autre bout du monde pour avoir la même chose. »

Il y avait aussi un jeune homme, du nom de Tom, qui avait de longs cheveux blonds et une bicyclette équipée d'une remorque. Il devait être dans une forme physique éblouissante, parce qu'une fois que j'ai eu fait sa connaissance, je l'ai vu partout, pendant les quelques jours suivants, de Mealista à Stornoway, fonçant le long des routes étroites, tout sourire, amoureux du monde.

« Qu'est-ce que vous avez fait aujourd'hui ? » lui ai-je demandé. Il était occupé à réparer un pneu.

« Je suis allé à l'église ! Je n'y vais jamais, d'habitude. Je voulais juste savoir de quoi il était question, voyez-vous.

– Et de quoi était-il question ?

– Je n'en sais rien. C'était en gaélique. Un sermon de vingt minutes et je n'ai pas compris un traître mot. Mais j'aurais voulu que vous entendiez les papiers de bonbons qu'on froissait ! En revanche les psaumes qu'ils ont chantés étaient fantastiques, je n'avais jamais rien entendu de pareil, même pas dans mes cassettes africaines. Et vous ? a-t-il continué. Qu'est-ce que vous avez fait ?

– Moi ? Oh, je me suis juste promenée sur les falaises.

– Sympa. »

En ce dimanche, il ne m'était même pas venu à l'esprit d'aller à l'église.

***

J'avais téléphoné à toutes les maisons de retraite de la liste que nous avait donnée l'assistante sociale, et au cours des quelques jours qui avaient suivi, le facteur avait fourré dans ma boîte des dépliants et des brochures, des photos de salles à manger et de chambres à coucher, toujours vides. Il y avait une photo d'un vestibule. La moquette était dans un coloris écossais et les murs dans un autre écossais qui jurait avec le premier. Des poupées vêtues de velours noir étaient posées sur une console, comme autant de somnambules ; sur une autre console, on voyait un aquarium de malheureux poissons tropicaux. Une gigantesque horloge, grosse comme un soleil, scandait les minutes de la journée. On aurait dit l'antichambre de l'enfer, mais quand j'avais téléphoné, j'avais entendu un fond sonore ininterrompu de rires joyeux. Il avait bien fallu demander : « Avez-vous une liste d'attente, est-elle très longue… ?

– Ma foi, avait répondu la femme, lorsque quelqu'un… » Et là, un mot dont le sens m'échappait.

J'avais été obligée de le chercher dans le dictionnaire. C'était un mot écossais, *demit*, qui voulait dire « renoncer ».

***

Quelques jours pour m'éclaircir les idées, avais-je dit, et c'était vrai. Mais où aller ? « Jusqu'au bout de la route ». La réponse s'est imposée à moi et m'a plu. Donc, j'ai loué une voiture. J'étais allée jusqu'au bout d'une route et j'étais montée à pied voir ces *cairns* étranges et cette cellule en haut de l'aiguille – mais j'avais encore deux jours et il y avait plusieurs autres routes insulaires. Pourquoi ne pas les parcourir, elles aussi ? m'a soufflé une voix intérieure. Oui, aller au bout de toutes les routes et voir ce qui s'y trouvait.

Donc, une fois passé le jour du Seigneur et les cordes à linge chargées de lessive claquant au vent, j'ai suivi une route le long d'une lande tourbeuse où les talus venaient tout juste d'être taillés et luisaient au soleil, avec le lustre d'un cuir bien ciré. Je suis passée devant une pinède entièrement sinistrée et devant un homme qui coupait sa récolte à la faux. Puis devant des bureaux qui venaient d'être construits et qui n'étaient pas encore loués. Des centaurées et du pas-d'âne jaune poussaient dans les fossés, pas un nuage dans le ciel. Tantôt la route partait vers l'intérieur du pays, traversant des tourbières, serpentant entre des petits lochs, et tantôt elle suivait le rivage, offrant des vues soudaines de plages de sable et de promontoires bas et lointains, violet foncé. Il n'y avait pas beaucoup d'autres véhicules sur ces routes où l'on ne pouvait pas se croiser : principalement des camionnettes – des travailleurs qui roulaient vite. Je me suis faufilée dans un décrochement pour laisser un énorme camion à bestiaux vide, qui venait sûrement chercher les agneaux, passer au ralenti en me frôlant. La journée était chaude, la lumière intense. Accrochées aux lochs d'eau de mer, je voyais des fermes piscicoles et mytilicoles. Je suis descendue jusqu'à une jetée et j'ai quitté la voiture pour écouter un instant une pile de casiers à homards autour desquels les étourneaux gazouillaient en picorant des détritus.

Vers l'intérieur, les collines s'élevaient, pierreuses et pâles, sans un pouce d'ombre, comme en Grèce ou en Italie. À Uig, je me suis rangée dans un nouveau décrochement pour laisser passer un véhicule qui approchait en sens inverse. Ce n'était pas un camion qui venait chercher les agneaux, mais un corbillard tout noir. À travers ses larges fenêtres, j'ai vu luire le cercueil dont les poignées de laiton étincelaient au soleil. En me croisant, les deux croque-morts ont levé la main pour me remercier, emportant le défunt à sa destination dernière. Il y aurait un cimetière clos de murs, peut-être au bout d'une baie, au bout d'une route.

Avec l'impression de m'être égarée dans un film, j'ai continué mon chemin, laissant derrière moi les maisons d'Islivig. La route finissait contre une haute barrière à claire-voie, à laquelle était fixé un écriteau : « Pâture communale ».

Je me suis garée et j'ai vagabondé jusqu'au rivage. À demi enfouies dans l'herbe verte, on pouvait voir les ruines d'un ancien couvent. Avec quelques morceaux de bois flotté, on avait bricolé une croix portant un autre écriteau : « *Tigh na cailleach dubh* », c'est-à-dire « Le lieu des femmes noires », par allusion aux voiles des religieuses. Je me suis promenée parmi les ruines en me demandant à quoi ressemblait la vie d'une nonne, voilée de noir et retirée du monde. Là-bas dans la baie, la mer ressemblait à du verre bleu, sauf là où les vagues s'ourlaient de blanc au-dessus d'un récif caché. Un langoustier avançait au ralenti entre deux îles. Du coin de l'œil, cependant, j'ai remarqué un mouvement rapide et furtif dans les algues tapissant les rochers que la marée avait découverts. C'était un vison, l'intrus, le prédateur par excellence, ennemi des oiseaux marins.

Quand j'ai regagné le sentier, un jeune homme avançait vers moi à grands pas, ses vêtements de tweed souillés de sang. Non, ce n'est pas du sang, me suis-je dit, je me fais des idées. C'est sûrement de la boue, c'est un garçon de ferme, un agriculteur.

« C'est toujours comme ça ici ? lui ai-je demandé, en montrant le ciel.

– J'aimerais bien », a-t-il répondu.

Trois autres hommes descendaient la colline, en procession, le premier traînant la dépouille d'un cerf sur le sol inégal, le deuxième portant un étui à fusil et le troisième tirant un autre cerf. Ils n'avançaient pas vite et un bref instant, j'ai cru voir une gravure encadrée, comme on en trouve aux murs des pubs de campagne. Soudain, il y a eu un bruit de moteur et l'homme aux vêtements sanguinolents est venu à la rencontre des autres au volant d'un pick-up, au moment où ils atteignaient la route. Ensemble, ils ont hissé les deux bêtes à l'arrière et seule l'extrémité des corps dépassait sur le côté. Puis le véhicule s'est éloigné sur la route étroite, entre la colline et le rivage.

Dans le grand supermarché de Stornoway, j'ai pensé que c'était peut-être un problème de langue. Peut-être le monde serait-il plus facile à comprendre, si l'on pouvait y penser en plusieurs langues différentes. Un jour, il y avait quelques années, j'avais rencontré un jeune Gaël en colère qui avait exprimé son ras-le-bol, à force de voir les gens prendre ses îles pour une espèce de paradis terrestre, des gens qui venaient « s'y réfugier », mais refusaient d'apprendre le gaélique. Donc, je n'avais qu'à apprendre le gaélique. Ici même, au supermarché, « corne d'abondance » en gaélique, je pouvais apprendre à dire « thé » et « café », « aliment pour chat » et « légumes en boîte » en gaélique, en lisant les écriteaux suspendus au-dessus des allées où les gens poussent leur Caddie. Je pouvais apprendre les toponymes grâce aux panneaux routiers bilingues et à ma carte d'état-major. Une langue fonçant sur les talons de l'autre. L'écriteau fixé à la haute barrière au bout de la route était en anglais : « *Common grazing* (Pâture communale) ». Pourtant, l'autre écriteau, à côté des ruines du couvent, était en gaélique : « *Tigh na cailleach dubh* ». Lorsqu'à Na Gearrannan/Garenin, j'étais passée devant deux hommes en bleu de travail, bavardant de part et d'autre d'une clôture, ils s'exprimaient en gaélique, mais ils m'avaient saluée en anglais. Quand leur collie m'avait emboîté le pas en trottinant, ils l'avaient rappelé et s'étaient excusés en anglais.

Le bibliothécaire à Steronabhagh/Stornoway était anglais, de la région de Newcastle, m'a-t-il semblé. Il m'a apporté de vieilles cartes et d'anciennes gazettes à étudier. J'espérais découvrir ce que c'était que cet incroyable édifice, sur l'aiguille de pierre. On s'était attaqué aux cartes avec un stylo à bille rouge, afin de rayer les noms orthographiés à l'anglaise pour les remplacer par du gaélique.

Dans la vitrine du magasin de journaux, un peu plus loin dans la rue, deux petites cartes en noir et blanc, annonçant l'une et l'autre un enterrement, étaient rédigées en anglais. Quant à la langue utilisée pour le service funèbre et les dernières paroles au bord de la fosse, je l'ignore. La langue que parlaient les écoliers qui descendaient la colline, sortant du Nicolson Institute, les filles en jupes noires, un garçon hélant ses camarades depuis la planche à roulettes sur laquelle il circulait, c'était de l'anglais. Les gens qui se tenaient devant le magasin de journaux, attendant qu'on sorte de l'avion la presse anglaise, causaient ensemble en gaélique. Oui, je pouvais apprendre le gaélique, apprendre toutes les langues parlées dans le monde, mais je ne sais pas si ça servirait à quelque chose.

***

Hier, à l'exception de deux saluts courtois à des inconnus, je n'avais adressé la parole à personne, ce qui m'allait très bien. Aujourd'hui, deux ou trois magasins avaient placé une annonce dans leur vitrine pour préciser qu'on y observerait une minute de silence, car c'était le 11 Septembre, l'anniversaire de toutes ces morts. Des minutes de silence, de souvenir. Un jour du Seigneur momentané. J'avais regardé l'attentat contre les tours à la télévision, agenouillée sur le plancher d'un gîte dans le Lake District. Je devais faire une lecture publique de poésies ce soir-là, à Grasmere, où vécut Wordsworth. Est-ce que je préférais annuler ? m'avait-on demandé. Non, avais-je répondu. C'est bien à cela que sert la poésie, n'est-ce pas, à donner un sens au monde par l'entremise du langage, à poursuivre les négociations. C'est une chose à laquelle on ne peut pas renoncer. Compte tenu des circonstances, un nombre surprenant de personnes était venu écouter les poésies.

« Une minute de silence ! avait grondé un ami. Ils ne savaient donc pas, les amateurs de silence, combien d'enfants étaient morts, juste ce matin-là, en Angola ou au Soudan, tout simplement parce qu'ils n'avaient pas d'eau propre ? Et la minute de silence pour eux, ce sera quand ? » Une minute de silence pour chacun et le monde se tairait à tout jamais.

Peut-être que si nous mettions bout à bout toutes ces minutes de silence que nous commençons à observer à titre laïc, nous pourrions en faire une espèce de jour du Seigneur revisité, un jour où il n'y aurait pas d'hommes en noir assombrissant notre vie avec leurs idées de péché, et où on n'empêcherait pas les enfants de jouer à la balançoire pour respecter le repos du dimanche. Je veux dire une période de contemplation, un laps de temps réservé à la réflexion. Peut-être nous sentirions-nous moins en péril.

J'ai appelé chez moi, immobile dans une rue qui sentait le feu de tourbe, le portable à l'oreille. Tout allait bien. Il n'y avait pas eu de problème. Ma fille m'a dit : « Bonjour, maman, je ne trouve plus mon cahier d'exercices.

– Comment va ta tête ? lui ai-je demandé.

– Elle va très bien. »

Mon mari m'a dit : « Elaine a téléphoné. J'ai eu l'impression que ça n'allait pas. » J'ai donc appelé Elaine, qui m'a raconté ce qui s'était passé. Son collègue était venu au travail comme d'habitude, mais au bout d'une heure, il avait quitté le bureau sous un prétexte quelconque. Il s'était rendu en voiture jusqu'à un coin du pays particulièrement beau, au milieu des montagnes et des lochs, le genre d'endroit où l'on pourrait se rendre afin de réfléchir calmement aux choses. Et là, il s'était suicidé. Tandis qu'elle me parlait du trajet solitaire de cet homme, j'ai revu soudain celui que je venais de faire, moi : la haute barrière, la voûte du ciel, les îles posées sur la mer turquoise, le vison filant parmi les rochers.

***

Pour autant que j'aie pu en juger, en consultant les rapports des archéologues à la bibliothèque de Stornoway, tout va tomber dans la mer. Cela a-t-il la moindre importance ? Une équipe d'archéologues avait parcouru à pied cette partie de la côte pour repérer tous ses vestiges et dresser une carte ; grâce à leurs regards d'experts et aussi en consultant la population locale, ils avaient mesuré, défini, évalué chaque intervention humaine dans ce paysage : les alambics illicites, les enclos à moutons, les pierres levées. Leur souci était l'érosion du rivage, toutes ces choses risquaient fort de disparaître à jamais. Le rapport proprement dit était mal relié, les pages s'en échappaient et tombaient par terre.

Il y était fait mention de la petite construction en haut de l'aiguille. Elle avait été répertoriée, puis numérotée. Le rapport précisait qu'elle était préhistorique et risquait à tout moment de s'effondrer, mais je ne sais toujours pas à quoi elle servait. Personne n'avait osé grimper jusque-là.

Quand j'avais téléphoné à Peter, mon grimpeur et kiné, pour lui demander ce qu'il pensait des chances de rétablissement de ma mère, il allait entrer dans sa quarante-troisième année, ce qui n'était pas sans l'alarmer un peu, parce que c'était à cet âge que son père était mort.

« Et puis, on essaie de trouver une maison de retraite pour notre grand-mère, lui avais-je dit. *Och*, c'est épouvantable.

– Pourquoi est-ce épouvantable ? »

Ce n'était pas la première fois que je ne savais pas quoi répondre aux brusques questions de Peter, natif du Yorkshire.

« Ta grand-mère en est à ce stade de sa vie – et toi, à ce stade de la tienne. Ça n'a rien d'épouvantable.

– Non, je n'y arriverai jamais ! avais-je pleurniché, un peu pour rire.

– Mais justement, tu es en train », m'avait-il rétorqué.

***

J'avais envié à Tom son vélo, donc j'en ai loué un et je suis sortie de Stornoway en pédalant, par une matinée grise et imprévisible. J'ai fait le tour de ronds-points ornés de petits palmiers, je me suis trompée de route, passant devant l'hôpital et traversant des cités de HLM, avant de trouver la route de la côte vers le nord. J'avançais sous un ciel gris qui semblait lourd de pluie, savourant les mouvements de mon corps, sa force modeste, mais constante. Elle ne durerait pas toujours – ça, c'était indéniable – mais pour le moment, je pouvais me déplacer à bicyclette le long d'une route, pour voir où elle menait.

J'ai longé des maisons basses aux façades enduites, une pharmacie, une grande église sévère, et puis je suis restée seule avec la lande à ma gauche ; à ma droite, j'avais les eaux du Minch[1] et les montagnes du continent, au loin. En atteignant la fin de son tracé, la route plongeait le long d'une grande colline jusqu'à l'énorme plage de Tolsta. Les goélands marins et les mouettes tridactyles formaient deux groupes distincts sur le rivage, se tenant tous face au vent. Un crachin s'était installé, qui s'est bientôt transformé en pluie véritable. Au bout d'un parking vide, à côté d'un petit loch couvert de nénuphars, la route macadamisée devenait une simple piste, laquelle à son tour se réduisait à un sentier tourbeux et défoncé, menant jusqu'à la lande. Mais… il y avait un pont. En plein milieu d'une tourbière, un grandiose pont victorien, à travée unique. J'ai appuyé le vélo contre le parapet

1. Détroit séparant les Highlands du Nord-Ouest et les Hébrides intérieures des Hébrides extérieures.

de pierre et regardé l'eau couler au-dessous de moi. Le pont – qu'on appelle par ici « *the bridge to Nowhere* » (le pont vers nulle part) – était l'un des projets pharaoniques de Lord Leverhulme. Propriétaire de l'île de Lewis, dans les années 1880, il avait imaginé toutes sortes d'améliorations pour son fief: un chemin de fer, une industrie du goémon, un château à Stornoway, aujourd'hui inoccupé, les fenêtres obturées par des planches. Après avoir atteint le pont, j'ai fait demi-tour.

J'avais raté, bien entendu, la minute de silence – à ce moment précis, je descendais une pente en roue libre et je braillais des vieilles chansons de Rod Stewart, toute seule dans mon coin. En contrepartie, je me suis arrêtée dans le minuscule jardin où se trouve le monument aux morts de Tolsta. Sur la plaque en bronze, trop de noms sont inscrits, pour un endroit aussi petit; les mêmes patronymes reviennent à de multiples reprises. Le monument, en forme de livre ouvert, commémore aussi le souvenir des nombreux soldats qui revenaient à Lewis après la Grande Guerre et qui ont péri noyés quand leur navire, l'*Iolaire*, s'est fracassé contre un récif tout près du port de Stornoway, une cruauté du sort que l'on a bien du mal à accepter. Il y a aussi des monuments aux « héros de la lutte pour la terre » – des rescapés de la guerre qui avaient réclamé non pas des chemins de fer, des ponts ou des châteaux, mais des terres. « Tous les *crofts* (petites exploitations agricoles) d'Upper Back se trouvent sur des terres saisies de cette manière. »

Nous allions bientôt être obligées, ma sœur et moi, de nous occuper de vendre le tout petit appartement de notre grand-mère pour payer la maison de retraite où elle finirait ses jours. Il faudrait dire adieu à la cuisine, au fauteuil et aux dauphins de plâtre.

***

À la fin de la route, il y a un cimetière, clos de murs. Mais nous le savons, d'autres routes peuvent se terminer de diverses façons. Par une haute barrière à claire-voie, avec un écriteau peint à la main, ouvrant sur la pâture communale. Ou devant un site bien connu pour sa beauté. Peut-être qu'un pick-up attend, ou bien un pont vers nulle part, une maison de retraite avec une moquette à motif écossais, ou encore devant un invraisemblable vieil édifice en haut d'une aiguille rocheuse, s'effondrant pierre après pierre dans les vagues loin au-dessous. La route peut s'achever dans le silence du jour du Seigneur et le vent, ou même dans le néant.

***

J'ai quitté le monument, enfourché ma bicyclette et je suis rentrée en ville. J'étais prête à retourner chez moi. Les étudiants devaient en ce moment même arriver à l'université, s'attendant à apprendre comment faire face à notre existence mortelle grâce au langage, mais aussi comment sculpter quelque chose de beau à partir du silence. Je ne suis pas sûre de pouvoir les aider. Peut-être vais-je me mettre à m'exprimer par énigmes, comme un oracle au fond d'une cellule solitaire. Lorsqu'ils se trouveront coincés ou dépassés, je psalmodierai : « Laissez donc les muscles se détendre, c'est le squelette qui fait le boulot. » « Sans vous servir de mots, décrivez ce qui serait pour vous l'idéal du jour du Seigneur. » « Rappelez-vous que la fin de la route est aussi son commencement. » Et je répondrai : « Mais, justement, vous êtes en train. »

***

« Tu auras ta propre chambre, avait dit ma sœur. Quelques-uns de tes meubles.

– Un peu de compagnie, quand tu en auras envie…, avais-je ajouté.

– Comment va votre mère ?

– Elle se rétablit bien.

– La paix, quand tu n'en auras pas envie. »

Notre grand-mère nous avait regardées, passant de l'une à l'autre. Ni ses petites-filles ni ses arrière-petits-enfants n'ont hérité de ses yeux noisette, ce qui est bien dommage, ni de son nez assez long en bec d'aigle. Elle avait commencé à hocher la tête pour exprimer son assentiment.

« Des repas tout prêts, vois-tu ? Plus de vaisselle.

– Quelqu'un pour s'assurer que tout va bien.

– Tu n'auras plus aucun souci à te faire… »

Échangeant un coup d'œil, ma sœur et moi avions parlé en même temps. « Pour un peu, j'irais moi aussi », avais-je marmonné. Et elle : « Où est-ce que je signe ? »

***

L'autocar scolaire est passé et quand son vacarme s'est estompé, je n'ai plus entendu que le vent dans les fils électriques. Un homme en bleu de travail fermait sa barrière, un border collie à ses pieds. L'air grave, il m'a regardée passer sur mon vélo.

Le disco des cétacés

Pas un membre de l'équipage n'avait passé la trentaine. Trois jeunes Écossais : James, Brennan et Hamish. Hamish nous a précédés le long des pontons jusqu'au bateau – par « nous », j'entends un groupe silencieux de huit personnes, qui ne se connaissaient pas, mais qui étaient imprégnées du même désir inexprimé. Il faisait un temps de rêve à Tobermory. La mer étincelait, le ciel était bleu, les collines d'Ardnamurchan et de Sunart, de l'autre côté de l'eau, paraissaient ébahies par la lumière.

Tandis que nous quittions la baie avec précaution, James, pieds nus, a grimpé jusqu'au pont où nous nous trouvions, pour observer, et il s'est assis par terre. Il nous a priés de bien vouloir excuser l'état des documents qu'il avait à nous montrer, un classeur plein de photos encore ramollies par la pluie de la veille. Il a commencé à nous expliquer ce que nous devions chercher du regard et ce que nous verrions peut-être. Des baleines de Minke. Des marsouins, à coup sûr. Les orques mâles ont des nageoires dorsales longues et droites. Les baleines de Minke mesurent dans les treize mètres de long, soit à peu près la longueur de notre embarcation. Il nous a retracé les points forts de leurs sorties en mer, par exemple la fois où ils avaient rencontré un groupe de cent cinquante dauphins communs, ou bien la soudaine affluence d'orques de l'année précédente – les orques que les anglophones appellent « *killer whales* », les baleines tueuses. Les baleines de Minke ne font pas voir leur nageoire caudale, lorsqu'elles plongent. « Si vous voyez la nageoire caudale, a-t-il dit avec un sourire épanoui, gueulez ! Et repérez aussi les colonies d'oiseaux en train de manger. S'ils décollent tous, sans crier gare, c'est peut-être parce qu'une baleine est sur le point de remonter au-dessous d'eux. Mais en réalité, on ne sait jamais. On ne sait jamais vraiment ce qui peut se passer. »

Ce qui peut se passer. Mais qui ne se passera sans doute pas.

L'observation des baleines, des cétacés n'est pas sans rapport avec une espèce de théologie – elle est faite d'aperçus, de visions, ici un aileron, là un dos qui roule dans l'eau. C'est un passe-temps pour les amateurs de regrets ; tout n'est que « on a bien failli » et « qu'est-ce qu'on a raté ? ». On peut se procurer un petit guide des nageoires.

Tandis que nous contournions la pointe du phare, d'innombrables groupes de puffins des Anglais ont pris leur essor devant nous. Une paire de fous de Bassan est passée au-dessus de nos têtes. Et presque aussitôt, nous nous sommes retrouvés en haute mer, nous dirigeant droit vers un énorme porte-conteneurs couleur de rouille, l'*Ambassador*, qui entrait dans le détroit de Mull. Cramponnés aux rails chromés, nous avancions dans son sillage, en tressautant et bondissant. Les trois garçons étaient assis sur le toit de la timonerie, protégeant leurs yeux de l'éclat du soleil. Il y a un siècle, c'était précisément des jeunes hommes dans leur genre qui seraient partis à bord des baleiniers, quittant Stromness et Stornoway pour aller se faire prendre au piège dans les glaces de l'océan Arctique. De nos jours, moyennant finance, ils nous montraient les baleines.

Le bateau tanguait et roulait. Les îles de Coll et Tiree, assez basses, encombraient l'horizon au sud-ouest. Au nord, se détachaient Eigg et les hauteurs abruptes de Rum, où vivent les pétrels tempêtes. Mais nous étions entièrement environnés d'eau avec, au-dessus, un ciel clair. Des nuages s'amoncelaient à la verticale partout où la terre émergeait. Au-dessus de l'eau, en revanche, le ciel était d'un bleu éclatant et limpide. Sous le vent salé et le soleil, on sentait sa peau se tendre. Il n'y avait rien d'autre que la mer étincelante, les îles, le ciel éblouissant. Nous étions tous tranquilles, aux aguets, quand soudain la femme assise à côté de moi m'a donné un petit coup sur l'épaule, en criant : « Là ! »

Deux nageoires dorsales, avançant vers le nord, côte à côte.

« Ce sont des dauphins de Risso ! a lancé Hamish. Bravo, beau début ! »

On finit par avoir l'œil, on quadrille la mer, le regard quitte la distance moyenne pour se porter plus loin, sort de la zone de soleil éblouissant qui se déverse depuis le sud-ouest. Au début, on a l'impression que chaque vague est un dos qui roule, chaque cormoran un aileron, mais…

« Baleine de Minke ! À deux heures ! »

En fait, on voit une courbe dense et noire. Ce n'est ni une vague, ni une île. Les baleines montent et descendent lentement, presque avec paresse ou langueur. Tout le reste brille, mais au milieu des paillettes s'élève un épais croissant noir. D'habitude l'œil fait le travail inverse, toujours prêt à repérer une lueur dans l'obscurité. Aujourd'hui, nous guettions le soulèvement de la noirceur contre toute cette lumière.

« À six heures ! Vous l'avez vue ? »

« Une autre – à quatre heures ! »

James a fait du thé, a gravi l'échelle pour nous l'apporter dans des tasses en plastique isothermes, ornées de peintures vaguement sentimentales de la faune britannique. Moi j'avais des blaireaux, la femme à côté de moi des geais.

Nous décrivions de larges zigzags, pour tâcher de trouver quelque chose à voir, et puis tout à coup il y en a eu partout autour de nous, à bâbord et à tribord, à la proue et à la poupe, en rang à côté du bateau, restant à notre hauteur, bondissant et plongeant. Les garçons exultaient.

James se balançait, une main pressée contre le front – je ne sais pas ce que c'est que ceux-là. « Ce ne sont pas des dauphins communs, pas des dauphins à gros nez. J'en suis baba ! »

Il a fouillé dans le fichier des cétacés, avec un sourire jusqu'aux oreilles.

« Qu'est-ce que tu en penses ? Celui-ci ou celui-là ? On n'en avait encore jamais vu !

– Moi, je dirais celui-là. Cette tache jaune sur le flanc…

– Oui, je suis d'accord. Hamish ? »

Mais Hamish, dans la timonerie, avait déjà empoigné son portable. « Hé, dis donc, on a une quarantaine de dauphins à flanc blanc, là où on est ! Non, je te jure ! »

La propulsion du bateau envoie l'eau gicler devant lui, formant une masse claire et épaisse, et c'est là que les dauphins aiment à se tenir. Nous étions allongés, côte à côte, penchés par-dessus le bord du pont assez bas, en sorte que nous regardions droit dans l'eau. Ils venaient le long de nos flancs, ombres noires et puissantes, disparaissaient quelques instants sous le bateau, puis ils remontaient en plein devant nous, et leurs silhouettes devenaient plus nettes à mesure qu'ils s'élevaient dans l'eau. Quand ils jaillissaient, ils étaient si près que nous pouvions presque les toucher. D'un seul mouvement fluide, ils sortaient entièrement de l'eau, le corps cambré, ils inspiraient, puis leur évent se refermait, la nageoire suivait et ils replongeaient.

« Des bébés ! Ah, non, c'est génial, regardez un peu les bébés ! »

Je ne sais pas s'ils se déplacent toujours ainsi, les mères avec leurs petits au centre, flanqués par des ailiers et des gardes détachés, mais dans la vague de proue, il y avait bien deux ou trois de ces paires – un adulte musclé auprès de qui les jeunes se démenaient comme des petites ombres très appliquées. Nous avons applaudi et crié, poussant des hourras quand ils bondissaient entièrement hors de l'eau.

Et puis soudain : « Baleine ! Qui fonce ! Derrière les dauphins ! Nom de Dieu ! C'est le disco des cétacés ! »

Quand nous avons coupé le moteur, un grand silence s'est abattu, un silence de création du monde. Puis il y a eu des cris d'oiseaux et les doux bruits d'eau que faisaient les dauphins. Brennan, en sa qualité de skipper, s'est éclairci la voix, a pris un ton professoral. « Comme vous l'avez sans doute compris, c'est une grande première… » Mais aussitôt, il s'est remis à rire : « En treize ans nous n'avions jamais vu de dauphins à flanc blanc. Enfin, je sais qu'ils existent, mais d'habitude ils sont beaucoup plus à l'ouest dans l'océan Atlantique. Pas dans notre coin. »

Quelqu'un a lancé : « À présent, il ne nous manque plus que les orques. »

James s'est écrié : « Putain, Brennan, tu as bien pensé à réserver les orques, j'espère ? »

Mais le portable a sonné et Hamish a répondu. « Ah, justement ce sont les orques. Ils sont en train de donner un spectacle à Stornoway. Ils auront dix minutes de retard. »

Pendant quelque temps, nous avons filé tous ensemble vers le nord, les dauphins et notre bateau plein de gens.

Dans mes jumelles, j'apercevais deux éoliennes énergiques, sur la laisse de mer de l'île d'Eigg. Derrière, un peu plus à l'ouest, s'élevait la masse montagneuse de l'île de Rum. Et plus loin encore, les collines du sud de Skye. Et puis, brusquement, les dauphins ont obliqué vers le nord-ouest les uns après les autres et nous les avons regardés s'éloigner, leurs nageoires dorsales montant et redescendant.

Nous les avons suivis des yeux jusqu'à leur disparition totale et c'était l'heure de retourner au port. Désormais, le soleil se couchait derrière Tiree, baignant les falaises d'Ardnamurchan de sa paisible rougeur. L'eau paraissait vernie dans la pénombre. Nous sommes tous restés assis, sans dire grand-chose, côte à côte à l'avant du bateau. Un rayon qui se reflétait sur le bastingage de la proue nous a éblouis tout le long du trajet.

Remerciements

En écrivant ce livre, j'ai eu l'occasion de connaître des gens formidables ; leurs noms sont cités au fil des pages et je leur dois à tous des remerciements ; certains, je suis heureuse de le dire, sont devenus des amis et ils ont eu la gentillesse de me protéger contre moi-même. Diverses erreurs et méprises ont été rectifiées, leur savoir a été partagé avec générosité et mes sottises ont été signalées à mon attention, avec tact, avant même d'être imprimées.

Merci, donc, à Tim Dee, tout particulièrement pour les oiseaux ; à Donald Wilkie, skipper de l'*Annag* ; à Dawn Kemp, conservatrice du musée du Royal College of Surgeons, à Édimbourg ; à Sarah Money de la Royal Society for the Protection of Birds ; à Robin et Caroline Guthrie, Pete Barrass et Don Paterson, un grand merci. Colette Bryce m'a fait partager son enthousiasme pour les oiseaux et les requins pèlerins, et Krys Hawryszczuk s'est évertué à m'entraîner dans les montagnes, surtout au cours des années couche-culotte.

Ce qui avait trait à l'archéologie m'a été expliqué par Steve Watt, de l'agence gouvernementale Historic Scotland, par le personnel de la sépulture néolithique de Maes Howe, et par le Dr Simon Gilmour de la Royal Commission on the Ancient and Historical Monuments of Scotland.

Peter Straus et Mary Mount ont cru en mon livre dès le début. BBC Radio 3 et les rédactions de la *London Review of Books* et de la *Dublin Review* ont bien voulu en publier certaines parties en cours de route. Peter Dyer et Henry Iles ont fait d'un simple manuscrit un objet d'art.

Nat Jansz est une directrice de collection pleine de talent ; j'ai pu faire avec elle le tour complet de la question, souvent au cours de nos promenades dans Hampstead Heath (ah, ces perruches !). Qu'elle et Mark Ellingham soient tous deux remerciés de leur hospitalité, leur soutien et leur clairvoyance.

Enfin, j'aimerais remercier Phil Butler de me faire encore et toujours cadeau de son temps et de son espace. C'est lui qui m'a donné ma première paire de jumelles et qui m'a encouragé à acheter un VTT. Qu'il veuille bien accepter, de même que Duncan et Freya, mon affection et ma gratitude.

Table

Dans la même collection

Le Vide et le Plein, Nicolas Bouvier
L'Irlande dans un verre, Pete McCarthy
Le Monde McCarthy, Pete McCarthy
Carnets d'Abyssinie, Wilfred Thesiger
Dans les montagnes d'Asie, Wilfred Thesiger
L'Empire du vent, Stanley Stewart
Atlantique Nord, Redmond O'Hanlon
Paradis brisé, Nouvelles des Caraïbes
Aux vents caraïbes, Lafcadio Hearn
Vers la cité perdue, Colin Thubron
L'Ombre de la route de la Soie, Colin Thubron
Destination Kailash, Colin Thubron
Désirade, ô serpente !, Fortuné Chalumeau
Les Cendres de l'Empire, Alain Dugrand
Au pays des mangas avec mon fils, Peter Carey
L'Homme global, Pico Iyer
Havane mélodie, Oscar Hijuelos
Salaam London, Tarquin Hall

Nullarbor, David Fauquemberg,
prix Nicolas Bouvier 2007
Magic Bus, Rory MacLean
Les Montagnes dans les Nuages, Adèle O'Longh
Sur la Route 66, Éric Sarner
Le Tour du monde en 80 jours, Michael Palin
D'un pôle à l'autre, Michael Palin
En Sibérie, Colin Thubron,
prix Nicolas Bouvier 2010
La Montagne des bœufs sauvages, Pierre Pelot
La Mémoire aux abois, Évelyne Trouillot,
prix Carbet de la Caraïbe 2010
Aux frontières de l'Europe, Paolo Rumiz
Le Festin indien, Chitrita Banerji
Les Vagabonds enchantés, Mimlu Sen
Nouvelles du bout du monde,
présenté par Jean-Pierre Perrin
La Vie sexuelle des cannibales, J. Maarten Troost
Un paradis se meurt, Alain Gerbault
Îles de beauté, Alain Gerbault
L'Ombre d'Hannibal, Paolo Rumiz,
prix L'Express de l'essai 2012
L'Afrique qui vient, présenté par Michel Le Bris
et Alain Mabanckou
Mûr à crever, Frankétienne
Le Voyage du Brendan, Tim Severin
Le bateau qui ne voulait pas flotter, Farley Mowat
Transwonderland – Retour au Nigeria, Noo Saro-Wiwa

Connemara – Porté par le vent, Tim Robinson
Pô, le roman d'un fleuve, Paolo Rumiz
Les Oies des neiges, William Fiennes,
prix Lire du meilleur livre de voyage 2014
Kurun autour du monde, Jacques-Yves Le Toumelin
Un été dans la Sierra, John Muir
Calcutta – Deux ans dans la ville, Amit Chaudhuri
Le Phare, voyage immobile, Paolo Rumiz

*Cet ouvrage a été composé par les Ateliers du Dragon
et achevé d'imprimer par CPI Bussière
à Saint-Amand-Montrond (Cher)
pour le compte des Éditions Hoëbeke
en mars 2015*

ISBN : 9782-84230-528-4
Dépôt légal : avril 2015
N° d'impression : 2015412
Imprimé en France